대한민국의 밀물시대를 여는 정운천의 희망가

박비향 撲鼻香

박비향

초판 1쇄 발행 | 2009년 9월 3일
초판 12쇄 발행 | 2010년 4월 15일

지은이 | 정운천
펴낸이 | 이성수

펴낸곳 | 올림
주소 | 서울시 종로구 신문로1가 163 광화문오피시아 1810호
등록 | 2000년 3월 30일 제300-2000-192호(구 : 제20-183호)
전화 | 02-720-3131
팩스 | 02-3276-3695
이메일 | pom4u@yahoo.com
홈페이지 | www.ollim.com

값 | 12,000원
ISBN 978-89-93027-08-2 03320

대한민국의 밀물시대를 여는 정운천의 희망가

박ㅂㅣ향

撲鼻香

정운천 지음

올림

인생에서 일어나는 갖가지 사건이
우리에게 어떤 영향을 미칠지를 결정하는 것은
사건 그 자체가 아니라
사건에 대해 응답하는 능력입니다.

희망의 향기

　어린 시절 뒷동산에 오르면 바다가 보였다. 변산반도가 멀리 보이는 고향 앞바다의 황금빛 밀물은 목판에 새겨진 조각처럼 내 가슴 깊숙이 각인되었다. 황량한 갯벌을 푸른 물결로 뒤덮은 밀물, 희망과 활력이 살아 넘치는 밀물….

　우리 농업에도 그런 밀물을 만들고 싶었다. 부정과 불신, 패배의식만 넘치는 썰물의 농업을 걷어내고 긍정과 신뢰, 희망과 창조의 물결로 살아 출렁이는 밀물의 농업을 만들고 싶었다.

　2008년 6월, 우리는 촛불 쓰나미를 경험했다. 온 나라를 광풍에 휩싸이게 한 촛불정국. 그토록 소통하려 애썼지만 나는 결국 그 두터운 불신의 벽을 넘지 못했다.

　장관직에서 물러난 후 나는 우리의 것을 찾아 전국순례에 나섰다. 우리 식품의 뿌리를 찾기 위해 목포에서 멀리 떨어진 섬 신의도의 천일염전을 찾았다. 전통과 얼의 뿌리를 찾기 위해 400년의 역사를 이어온 종갓집도 돌아보았다.

토종 매화가 흐드러지게 피어 있는 경북 안동 퇴계 선생의 도산서원에서 당나라 고승인 황벽선사의 시를 만났다.

不是一番寒徹骨(불시일번한철골)

爭得梅花撲鼻香(쟁득매화박비향)

뼈를 깎는 추위를 한번 만나지 않았던들

매화가 어찌 코를 찌르는 향기를 얻을 수 있으리오

나는 드디어 할 일을 찾았다. 박비향(撲鼻香), 희망의 향기를 전하는 전국순회 강연에 나서기로 마음먹었다.

"저는 수없이 뼈를 깎는 추위(寒徹骨)를 겪었습니다. 이제 여러분께 희망의 향기(撲鼻香)를 드리러 왔습니다. 저는 실직자가 되었지만 실업자는 아닙니다."

내가 시 · 군의 농업현장을 순회할 때마다 전하는 화두다. 농업의 밀물시대를 열겠다는 소망은 오늘도 나를 전국의 농업현장으로 이끌고 있다.

이 책에서 말하는 박비향은 나 개인만의 박비향이 아니다. 우리 민족은 역사상 숱한 외침을 받았다. 무려 900차례가 넘는다고 하니 그 고통은 가히 상상하기 어려울 정도다. 경제 규모가 세계 12위권 안에 드는 왕성한 국력은 국가적으로 뼈를 깎는 고초를 숱하게 겪은 대가가 아니겠는가.

장관에 취임해서부터 퇴임하여 오늘에 이르기까지 굴곡 많은 여정을 담아 한 권의 책으로 엮었다. 농업의 밀물시대를 열기 위한 의식의 확장과 패러다임의 전환, 촛불정국의 소회를 밝혔다.

거북선농업의 실현을 위해 울돌목을 바라보며 백의종군하는 심정으로 졸고를 내놓는다.

  아무쪼록 이 책이 농식품에 대한 관심과 인식을 새롭게 하고, 농업의 밀물시대를 앞당기는 초석이 되기를 기대한다. 뼈를 깎는 아픔 위에 희망의 향기를 담아보고자 한다.

2009. 9
정운천

3 나는 촛불에서 희망을 보았다

4 가자, 밀물시대로

5 한철골 박비향

1
농업인에서
장관으로

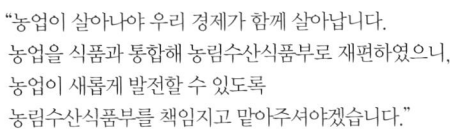

"농업이 살아나야 우리 경제가 함께 살아납니다.
농업을 식품과 통합해 농림수산식품부로 재편하였으니,
농업이 새롭게 발전할 수 있도록
농림수산식품부를 책임지고 맡아주셔야겠습니다."

대통령과의 인연

일요일 아침, 휴대전화 벨소리가 요란하게 울렸다. 눈을 비비며 벽시계를 쳐다보니 9시였다. 전날 전주에서 강연을 마치고 서울에 도착한 시간이 새벽 3시 반이었으니 네댓 시간이나 잤을까. 누운 채로 머리맡에 놓인 휴대전화를 집어 들었다. 점잖은 중년의 목소리였다.

"안국포럼 관계자입니다."

간단히 자신을 소개한 남자가 거두절미하고 용건을 밝혔다.

"한나라당 이명박 후보께서 농업발전 방안에 대해 전문가들의 의견을 듣고 싶어 하십니다. 참석해 주실 수 있으신지요?"

정신이 번쩍 들었다. 그동안 구상해 온 우리 농업의 회생 방안을 정책으로 제시할 기회가 온 것이었다.

나는 평생 농업인으로서 외길을 걸으며 이미 오래 전부터 농업발전을 위한 각종 대안을 연구해 온 터였다. 2004년 2월에는 20여 년의 경험을 바탕으로 관행적 농업에서 벗어나 새로운 가치의 창출을 모색한 『거북선농업』이라는 책을 발간했고, 2007년 4월에는 농촌경제연구원의 연구원들과 함께 '농장에서 식탁까지-식품 일원화에 관한 연구'를 수행하기도 했다.

이명박 후보가 차기 대통령으로 유력한 상황이었기에 그에게 제안을 하게 되면 훗날 정책으로 채택될 수 있는 좋은 기회가 아닐 수 없었다. 나는 길게 생각하지 않고 대답했다.

"참석하겠습니다."

대통령과의 첫 만남

2007년 11월 4일, 대선을 한 달 보름 앞두고 이 후보와 처음으로 대면했다. 안국포럼 간담회장에서였다. 농업인 대표는 나를 포함해 다섯 명이었고, 한나라당에서 이 후보자와 농업 담당자 몇 명이 참석했다. 간담회는 농업인 대표들이 각자 구상한 정책을 제시하고 토론하는 방식으로 진행되었다.

"이대로는 농업에 희망이 없습니다. 지금과 같이 생산만 해서는 안 됩니다. 이제는 '농식품산업'으로 가야 합니다. 생산에서 가공·

유통·판매·수출까지를 두루 포괄하는 복합 산업으로 바꿔야 합니다. 앞으로 농업은 문화·관광 산업과 연계해서 입체적인 산업으로 육성해야 합니다. 그렇게 키워낸 것이 바로 '참다래'입니다."

초등학교 5학년 교과서에 '참다래 아저씨'로 소개된 적이 있을 만큼 참다래는 나의 분신과도 같은 존재였다. 나는 참다래뿐만 아니라 돈 안 되는 구황작물이었던 고구마를 건강 다이어트 식품으로 탈바꿈시킨 이야기도 빼놓지 않았다.

"농림부를 농업식품부로 확대 개편해야 합니다. 농업은 더 이상 1차 산업이 아닙니다. 2차 산업, 3차 산업을 결합해야 합니다. 그래야 농업이 살아날 수 있습니다."

나는 그동안 가슴속에 담아두었던 구상들을 거침없이 쏟아냈다. 진지하게 경청하는 이 후보의 표정을 보고 그가 내 이야기에 공감하고 있음을 알 수 있었다.

간담회가 끝나고 30분쯤 지났을까. 집으로 돌아가는 길에 휴대전화의 벨이 울렸다. 이 후보의 비서실장이었다. 이 후보의 지시라면서 급히 만나자고 했다. 차를 인사동으로 돌렸다.

비서실장이 입을 열었다.

"간담회에서 하신 말씀과 정책에 대해 이 후보께서 깊은 인상을 받으셨다고 합니다. 선거 캠프에서 '중책'을 맡아주셨으면 합니다. 이 후보의 뜻입니다."

생각지도 않은 제안이었다. 짧은 시간 동안 수많은 생각이 뇌리를 스쳐 지나갔다. 이 후보에게 농업정책에 관해 제안하는 것과 이 후보의 선거대책 본부에 참여하는 것은 별개의 문제였다. 정치권에 입문하는 것이나 마찬가지였다. 쉽게 결정할 수 없었다.

"생각할 시간을 주십시오. 저는 지금 농업CEO연합회 회장을 맡고 있고 영농조합도 경영하고 있습니다. 시간이 필요합니다."

나는 그렇게 대답할 수밖에 없었다.

사흘 뒤인 2007년 11월 7일, 한국농업경영인연합회 주관으로 대선 후보자 합동토론회가 열렸다. 각 당 후보가 농업 분야 공약을 내놓고 토론을 벌였다. 7천여 명의 농업인들이 운집해 지켜보고 있었다. 농업인들에게는 초미의 관심사였다. 수많은 사람들이 각 당 후보의 입을 주시했다. 나도 가슴을 졸이며 지켜보았다.

"농업과 식품을 통합해 농업식품부를 만들겠습니다. 1차 산업에서 2차 산업, 3차 산업으로 육성해 농업에 새로운 희망을 만들겠습니다…"

이 후보의 모두 발언이었다. 순간, 가슴이 뭉클했다. 사흘 전 내가 제안한 정책 내용이 이 후보의 입에서 '그대로' 흘러나왔기 때문이었다. 그가 나를, 나의 이야기를 신뢰한 것이었다.

저는 뒤에서 돕겠습니다

2007년 11월 18일, 이 후보자 캠프에서 연락이 왔다. 대선을 한 달여 앞둔 시점이었다.

시내의 한 호텔 비즈니스룸에서 이 후보를 기다렸다. 기다리는 동안 창가에 서서 거리를 내다보았다. 높은 곳에서 내려다본 거리는 질서 정연했다. 차들은 차도를 오가고, 사람들은 인도를 걷고 있었다. 신호가 바뀌자 차들은 멈춰 서고, 사람들은 횡단보도를 건넜다.

운전을 하거나 인도를 걷다 보면 차와 사람이 뒤엉켜 복잡한 것처럼 느껴지지만, 높은 곳에서 내려다보니 평지에서는 볼 수 없었던 질서 있고 조화로운 모습이 한눈에 들어왔다.

낙엽이 떨어지는 가로수의 모습조차 차와 사람과 어울려 조화롭게 느껴졌다. '질서가 이런 것이구나' 하는 상념에 젖어 있는데 이 후보가 들어왔다. 나는 그를 창가로 안내했다.

"저 거리를 보고 있었습니다. 가까이서 볼 때는 몰랐는데, 이렇게 내려다보니 정해진 틀에서 어긋남이 없이 질서가 정연해 보입니다. 대선정국 또한 한 치 앞이 안 보일 정도로 복잡하고 혼란스러워 보이지만 다른 틀에서 살펴보면 또 다른 질서가 아닌가 싶습니다."

창가에서 담소를 나눈 후 준비해 간 자료를 토대로 평소 내가 구상해 온 농업발전 방안을 이 후보에게 자세히 설명했다.

"좋은 정책입니다. 저도 공감합니다. 농업이 그렇게 바뀌어야 지금의 위기를 극복하고 발전할 수 있다고 생각합니다."

이 후보는 내 구상에 공감을 표시했다.

농업정책에 대한 대화가 끝나자 잠시 침묵이 흘렀다. 선거 캠프에서 중책을 맡아달라는 제안에 대해 내 생각을 밝혀야 할 순서였다. 이 후보가 내 표정을 살폈다.

"며칠 동안 많은 생각을 했습니다. 죄송합니다만, 성공한 농업인으로 알려진 제가 전면에 나서면 진보성향의 농업인 단체로부터 비판을 받을 수 있고, 농업인 대표들이 캠프에서 열심히 뛰고 있는데 그분들에게 박탈감을 줄 수 있습니다. 또한 영농조합을 이끌어가는 CEO로서 조직과 사업을 정리하려면 시간이 필요합니다. 저는 뒤에서 '견마지로(犬馬之勞)'를 다하겠습니다."

내 말에 이 후보는 웃음으로 화답하며 악수를 청했다.

"정 회장 뜻을 알겠습니다. 그러면 '경제 살리기 위원'으로 참여해서 농업발전을 위한 정책 대안을 만드는 데 힘을 보태주십시오."

그렇게 나는 한나라당 경제 살리기 특별위원회 위원으로 참여했고, 선거 전면에 나서는 대신 실무위원으로 농업 분야의 공약과 정책 수립에 최선을 다했다.

결국 이명박 후보자가 승리했고, 내가 제안한 각종 개혁방안들이 새 정부의 농업정책으로 채택되었다.

농업과 식품의 만남

"아니야, 그럴 리가…."

며칠 전 확인한 정부조직 개편안에는 분명 농식품부를 발족시키는 것으로 되어 있었다. 농업과 식품을 통합해 농식품부를 만든다는 것이 대통령직 인수위원회 경제분과위원회의 최종안이었다.

더군다나 농업과 식품의 통합은 대선 공약이었다. 이명박 당선자가 국민과 농업인 앞에서 직접 약속한 내용이었다. 그런데 식품이 빠지고 농수산부라니?

알아보니 정부 종합 개편안이 경제분과위원회에서 총괄부서인 정부혁신위원회로 넘어와 최종안을 확정하는 과정에서 바뀌었다는 것이었다. 농업과 식품 행정의 일원화는 아직 시기상조라고 판단해현 체제를 유지하기로 했다는 것이었다.

그렇게 내버려둘 수가 없었다. 농업과 식품의 통합은 우리 농업의 회생과 도약을 위해 꼭 필요한 일이었다. 나는 이명박 당선자와의 면담을 추진했다. 이 일의 중요성을 알고 문제를 해결할 수 있는 사람은 당선자밖에 없었다.

그러나 만날 수가 없었다. 대통령 후보자에서 대통령 당선자로 신분이 바뀐 뒤에는 '대면'이 쉽지 않았다.

직접 만날 수 없다고 해서 손을 놓고 있을 수는 없었다. 2008년 1월 14일, 나는 농업과 식품이 통합해야만 하는 당위성과 필요성을 설명하는 편지를 보냈다. 우리 농업이 생산에서 산업으로 전환해 부활할 수 있는 변곡점이 바로 농업과 식품을 통합하는 것이라고 강조했다.

내가 쓴 편지가 이 당선자의 손에 들어갔다는 소식을 듣고 '이제 내가 할 수 있는 일은 다했다. 이 나라 농업을 살리는 일은 하늘에 맡기자'고 생각했다. 편지를 보낸 지 사흘 후인 1월 16일 최종 정부조직 개편안이 발표되었다. TV 화면에는 '농림수산식품부'(이하 농식품부)라는 일곱 글자가 선명히 떠올랐다. 농식품부가 탄생한 것이었다.

농업, 전환점을 찾다

농업과 식품을 통합한 농식품부의 출범은 5천년 우리 농업 역사에 새로운 전환점으로 기록될 것이다. 농업의 차원이 달라졌기 때문이다.

생산규모부터 달라졌다. 기존의 30조 원에서 150조 원의 거대산업이 되었다. 전체 GDP 1천조 원 가운데 15퍼센트를 차지하게 된 것이었다. 정책 대상도 330만 농업인에서 4,800만 국민으로 확대되었고, 사업영역 또한 바다까지 관장하여 오대양으로 뻗어나가게 되었다.

그러나 이는 겉으로 드러난 계량적 수치일 뿐, 농업인들의 영농활동에는 질적으로 커다란 변화를 가져오게 되었다. 이제 농업인들은 콩을 재배할 때 간장, 된장, 고추장까지 생각할 수 있게 된 것이다. 생산 · 유통 · 가공 · 판매의 일원화도 가능해졌다.

쉽게 표현하자면 농업인이 단순한 생산에서 벗어나 농장에서 식탁까지의 모든 과정을 직접 담당하고 관리할 수 있게 된 것이다. 이는 농업의 차원을 한 단계 높인 획기적인 전환이라고 해도 과언이 아니다.

한 가지 아쉬운 점도 있었다. 식품의 안전관리 업무가 여전히 보건복지부 산하 식품의약품안전관리청(식약청)에 남아 있게 된 것이다.

유럽에서는 이미 20여 년 전에 '농장에서 식탁까지(Farm to Table)'의 안전관리 업무를 하나로 통합하는 조직개편이 이루어졌다. 유럽을 공포로 몰아넣은 광우병의 원인이 동물성 사료로 밝혀지면서 토양과 먹을거리, 농산물과 식품이 불가분의 관계에 있음을 인식했기 때문이다.

나는 농식품부 발족을 제안하면서 식약청에서 식품을 분리해 농림부 소속인 농산물품질관리원, 수의과학검역원, 식물검역소와 통합, 식품산업안전본부나 식품산업청을 만들어야 한다고 주장했다. 유럽처럼 농산물과 식품의 안전관리를 일원화해 효율성을 높이기 위함이었다.

농식품부가 출범한 마당에 식품의 안전성 검사를 농산물과 따로 떼어 의약품과 함께 관리하는 것은 이치에 맞지 않았다. 따라서 농업과 식품 행정을 일원화한 것처럼 식품의 안전성 검사도 농산물과 일원화하여 농식품부가 관장해야 한다는 것이 내 생각이었다.

장관 면접시험

평소와 다름없이 농업인 CEO로 바쁘게 생활하던 2008년 2월, 나는 뜻밖의 전화를 받았다.

"축하드립니다. 농림수산식품부 장관으로 내정되었습니다."

대통령직 인수위원회에서 온 전화였다. 정치 경력도 없고 행정 경험도 없는 나를 장관으로 발탁하다니…. 전화를 끊고 나서 숨을 깊이 들이마신 후 이명박 당선자의 의중을 헤아려보았다.

평소 이 당선자와 잘 알고 지낸 사이도 아니고, 특별한 인연이 있는 것도 아니었다. 대선 한 달 반 전 농업인 간담회에서 처음 만났고, 그 이후로 기껏해야 두세 번 마주 앉아 우리 농업의 미래와 농업 정책 등을 논의한 것이 전부였다.

또한 그의 대통령 당선을 위해 대단한 역할을 한 것도 아니었다. 수십 년 동안 농업인으로서 영농조합 등을 이끌어온 농업인 CEO의 경험을 바탕으로 농업 회생 방안을 제시하고 정책을 마련하는 데 힘을 보탰을 뿐이었다.

곰곰이 생각해 보니 이 당선자의 뜻을 알 것 같았다.

'농업인으로 살아왔으니 그들의 심정을 잘 알 테고, 수십 년 동안 농업현장에 몸담고 있었으니 적재적소에 필요한 농업정책이 무엇인지 간파하고 있을 것이라고 믿고 장관직을 맡기기로 내정한 것이리라.'

마음이 무거워졌다. 장관이라는 막중한 역할을 제대로 수행할 수 있을까. 늘 패배의식과 먹고 사는 문제에서 벗어나지 못했던 농어업인들의 한숨을 멈추게 하고, 돈 버는 농어업을 만들어낼 수 있을까. 두려운 마음이 앞섰다.

그러나 한편으로 선거기간 중 내가 제안한 각종 개혁방안과 농업정책에 대한 당선자의 '공약'을 직접 실행에 옮긴다면 보다 효과적이지 않을까 하는 생각이 들었다.

이미 이 당선자의 의지로 농업과 수산, 식품을 통합하여 '농림수산식품부'가 발족되어 있다. 토대가 마련되었으니 농업 종사자들의 의식을 바꾸고 제도 개선을 통한 개혁방안을 차질 없이 추진한다면 우리 농업을 '잘사는' 농업으로 부활시킬 수 있겠다는 자신감도 생겼다.

행정 전문 차관 발탁

2008년 2월 15일. 나는 장관 내정자의 신분으로 이명박 당선자를 만났다.

"농업이 살아나야 우리 경제가 함께 살아납니다. 농업을 식품과 통합해 농림수산식품부로 재편하였으니, 농업이 새롭게 발전할 수 있도록 농림수산식품부를 책임지고 맡아주셔야겠습니다."

이 당선자의 주문은 간단명료했다. "농업을 책임지고 살리라"는 것이었다. 어깨가 무거웠지만 지금껏 주어진 일에 최선을 다해 살아왔듯이 내가 가진 모든 역량을 쏟아 부어 농업을 살리는 데 앞장서겠다고 각오를 밝혔다. 그런 다음 행정에 대한 고민을 솔직하게 이야기했다.

"저는 행정 경험이 부족합니다. 장관이 행정을 모르면 그만큼 일이 더딜 수밖에 없습니다. 행정을 잘 하는 사람을 차관으로 뽑아주시면 행정은 그에게 맡기고 저는 현장을 중심으로 농업 살리는 일에 매진하겠습니다.

지금 농림부에서 농업 행정을 가장 잘 하는 사람이 기획관리실장입니다. 검토해 주십시오. 그 사람이 차관이 되어 행정을 맡으면 저는 마음 놓고 현장 중심으로 개혁에 총력을 기울일 수 있겠습니다."

나는 농업 살리는 일은 온몸을 던져야 될 만큼 어려운 일이라고 생각했기에 무례를 무릅쓰고 그렇게 건의했다. 감사하게도 이 당선자는 기획관리실장을 제1차관으로 발탁해 주었다.

그러한 배려에서 나는 당선자의 일관된 메시지를 읽을 수 있었다. 어떤 일이 있어도 우리 농업을 구해내라는 것이었다. 나는 그러한 뜻을 받들어 취임 첫날부터 강도 높은 개혁 작업에 착수했다. 제1차관의 체계적인 행정관리가 뒷받침되었기에 가능한 일이었다.

강남에 집 있다고 강부자?

내각 인선 발표와 동시에 장관 내정자들에 대한 언론의 검증이 시작되었다. 경력과 정책관은 물론 재산 형성 과정과 병역 문제, 가족관계까지 낱낱이 파헤쳐졌다. 국회에서 치러지는 장관 인사청문회를 언론이 '대신' 하는 것 같은 느낌이었다.

나는 농촌에서 태어나 그곳에서 고등학교를 졸업했고 대학 졸업 이후 농업 외길을 걸어왔다. 육군 병장으로 만기 제대했으니 병역문제 또한 자유로웠다. 평생을 서민적 삶을 살아왔기에 크게 걱정할 것이 없었다.

그러나 언론의 보도는 달랐다. 고려대학교, 소망교회, 영남 출신을 두고 일컫는, 이른바 '고소영 내각', '강부자 내각'의 한 사람으로 나를 지목했다. 그러나 내가 이 당선자와 인연을 맺은 것은 대선을 한 달 보름 남짓 앞둔 농업인 간담회 자리에서였다. 단지 이 당선자와 같은 대학을 졸업했다는 이유만으로 언론과 세인들 입에 오르내렸다.

나는 그저 웃고 말았지만 '강부자 내각'이라는 냉소적인 보도는 더 씁쓸했다. 언론이 나를 강부자라고 평한 것은 내가 서울 강남구 개포동에 아파트를 소유하고 있었기 때문이었다. 전라남도 해남에 근거지를 둔 사람이 강남에 있는 아파트를 구입했으니 부동산 투기가 아니고 무엇이냐는 것이었다.

언론 보도 이후 만나는 사람들이 "강부자라며?" 농반 진반으로 던지는 한마디에 대답 대신 그냥 웃고 말았지만 맘이 그리 편치는 않았다.

강남에 집을 사게 된 것은 아내 때문이었다. 결혼 전부터 교직에 몸담고 있었던 아내는 결혼 후에도 서울에서 교사 생활을 계속했고, 대학 졸업 후 해남에서 농사를 짓던 나는 결혼 후 해남과 서울을 오가며 생활하게 되었다.

1999년 아내가 개포동에 위치한 K여고로 발령을 받았다. 그래서 당시 살고 있던 강동구 성내동의 집을 팔고 K여고 앞 주공아파트를 구입해 이사했다. 교직과 집안일을 병행하는 아내의 출퇴근 편의를 위해 학교에서 가까운 곳으로 집을 옮긴 것이었다.

지금까지 그랬던 것처럼 앞으로도 고위 공직자에 대한 국회 청문회와 언론의 검증은 계속될 것이다.

나는 국회 청문회와 언론 등의 철저한 검증을 통해 법적으로나 도덕적으로나 흠이 없는 사람이 공직을 맡아야 한다는 점에 전적으로 동의한다.

그러나 한 가지 분명히 할 점은, 언론은 철저하게 사실에 근거하

여 보도함으로써 국민들에게 제대로 된 정보를 제공해야 한다는 것
이다.

다시 찾은 울돌목

장관 내정 소식을 듣고 나는 해남으로 내려갔다. 대학 졸업 후 농업인으로 첫발을 내디딘 곳이 바로 해남이었다.

아무 연고도 없는 해남에 내려와 처음으로 터를 잡은 참다래 농장, 집 한 칸 마련할 돈이 없어 밭 한쪽에 비닐하우스를 짓고 5년 5개월 동안 생활했던 곳….

참다래 재배 농가들을 모아 키위 수입개방 대책회의를 하던 군민회관과 우리나라 최초의 농민주식회사인 참다래유통사업단…. 모두가 내게는 각별한 존재였다.

해남은 나를 '진짜' 농업인으로 만들어준 곳이었다. 농업인을 교육하고 잘사는 농촌을 만들어야겠다는 각오를 새롭게 다진 곳도 해남이었다.

젊은 날의 열정과 농업인으로서의 초심이 묻어 있는 해남의 곳곳을 거닐면서 나는 "초심을 잃지 않는 장관이 되겠다"고 내 자신에게 다짐했다.

그리고 울돌목을 찾았다. 내가 사는 동안 결코 잊을 수 없는 곳, 소중한 곳이 바로 울돌목이었다. 육지와 섬을 연결한 진도대교 위에 서니 멀리 남해 바다가 한눈에 들어왔다. 이름 모를 수많은 섬들 사이로 푸른 바다가 끝없이 펼쳐졌다. 하늘과 바다와 섬과 배가 한데 어울려 빚어내는 풍경은 한 폭의 그림처럼 아름답고 평화로웠다.

고개를 숙여 아래를 내려다보니 또 다른 모습의 바다가 눈앞에 펼쳐졌다. 사납게 굽이치는 물살의 거센 힘에 저항하며 바위들이 토해내는 울부짖음이 들리는 것 같았다. 한참을 바라보고 있노라니 굽이치는 물결 위로 지난날의 단상들이 떠올랐다.

절망의 순간에 찾았던 곳

내가 처음 울돌목을 찾은 것은 20여 년 전이었다. 그 무렵 나는 대학을 졸업한 후 땅끝 마을 해남에서 키위를 재배하고 있었다.

당시만 해도 키위는 국내에 도입된 지 4, 5년밖에 되지 않은 생소한 과일이었다. 뉴질랜드에서 들여온 키위는 겨울철에도 기온이 따스한 남해안을 중심으로 재배가 확산되고 있었다. 키위는 국제적으로 널리 알려졌을 뿐만 아니라 국제 과수 세미나에서 2000년대 꿈의 과일로 선정될 정도로 맛과 영양이 풍부한 과일이었다.

나는 그런 키위에 매료되었다. 국내에도 키위 산업을 육성해야 한다는 생각에서 묘목을 키우고 농가들에 보급했다. 성과도 점점 나타났다. 비타민 등 영양이 풍부한 고급과일로 알려지면서 소득이 늘고 재배 농가가 확산되는 추세였다.

그러나 호사다마라고 했던가. 1989년 생각지도 못한 위기가 닥쳤다. 정부가 농산물의 단계적 수입개방 계획을 발표하면서 키위를 개방품목에 포함시켜 바로 이듬해부터 시장을 개방하기로 한 것이었다.

국내 키위 재배는 이제 막 걸음마를 시작한 단계였다. 시장 규모도 기껏해야 연간 20억 원대에 불과했다. 재배 규모나 시설이나 기술이나 어느 것 하나 외국과는 비교가 되지 않았다.

'이런 열악한 상황에서 시장개방이라니. 더욱이 유예기간도 없이 곧바로 이듬해부터….'

마른하늘에 날벼락이었다. 눈앞이 캄캄해졌다. 무엇을 어떻게 해야 할지 갈피조차 잡지 못했다. 키위 재배 농가 모두 넋을 잃고 한숨을 내쉬었다.

절망의 순간에 찾은 곳이 울돌목이었다. 그곳에서 바다를 바라보며 충무공 이순신 장군을 생각했다.

배도 없고 병사도 없으니 수군(水軍)을 폐하고 육군(陸軍)에 합류하라는 선조의 지시에 "신에게는 아직 열두 척의 배가 있사옵니다!"라고 외치며 수군을 지켜냈던 장군, "살고자 하면 죽을 것이요, 죽고자 하면 살 것이다!"라는 사즉생(死卽生)의 정신으로 병사와 백성들을 하나로 묶어낸 장군, 수심이 얕고 물살이 급한 울돌목의 지형을 활용해 열 배가 넘는 적을 무찌른 장군. 그런 장군의 기개를 생각하며 나는 희망을 얻었다.

장군에게 열두 척의 배가 남아 있었다면 나에게는 비닐하우스에서 애환을 함께한 '동지' 같은 300여 키위 농가가 있었다. 이 농가들을 하나로 묶어 대응하면 살길이 트일 수 있다고 생각했다.

나는 울돌목에서 "할 수 있다"는 자신감을 얻었다. 그것은 돈으로 살 수 없는 소중한 자산이 되었고, 나에게 긍정의 힘을 불어넣어주었다.

농장으로 돌아온 나는 재배 농민들을 설득해 뜻과 힘을 하나로 모으는 데 전력했다. 5년 여의 시간 동안 비닐하우스에서 생활하면서 농민들과 애환을 함께한 것이 큰 힘이 되었다.

1990년 12월 22일, 3천여 명이 모여 한국키위협회 창립 및 품질향상 촉진대회가 성대하게 치러졌고, 그 힘으로 참다래 농민들이 출자하여 유통사업단을 만들었다. 이러한 내용이 언론을 통해 크게 알려지자 뉴질랜드, 미국 등 키위수출국협회 대표들로부터 연락이 왔다. 수차례의 협상 끝에 국내산 키위를 수확한 후 유통되는 시기인 11월부터 4월경까지 6개월 동안은 수출을 자제하겠다는 약속을 받아냈다.

그다음은 유통이었다. 소비자들에게 국내산 키위의 맛을 알리고 소비를 촉진시키는 적극적인 노력이 필요했다.

"백화점에서 키위 직판행사를 하자!"

키위 재배 농가가 직접 백화점에서 키위를 판매하면 유통 마진이 줄어 소비자는 싼 가격에 구입할 수 있고, 재배 농가는 소득이 늘어나게 될 테니 일석이조라고 판단했다.

서둘러 서울로 향했다. 서울의 내로라하는 유명 백화점을 찾아가 담당자에게 키위 재배 농가가 처한 상황을 설명하고 "납품할 수 있도록 해달라"고 부탁했지만 모두 고개를 가로저었다.

단 한 군데도 허락해 주는 곳이 없었다. 유통의 두터운 벽에 가로막혀 해결책을 찾지 못하고 해남으로 향하는 고속버스에 몸을 실었다. 절박한 심정이었다. 고속버스가 떠나기 직전 나도 모르게 자리를 박차고 버스에서 내렸다. 그대로는 서울 땅을 떠날 수가 없었다. 인근의 뉴코아백화점으로 향했다. 두 번째 만난 뉴코아 담당자는 나의 애절한 호소에 납품 대신 직판행사의 기회를 만들어주었다. 2주일 동안의 키위 직판행사는 장안의 화제가 되었다. '대박'이 났다.

그 이후 상황이 바뀌었다. 불과 보름 전에 그렇게 통사정을 해도 본체만체하던 백화점 바이어들이었다. 그런 바이어들이 자기 백화점에 직판행사를 먼저 해달라고 통사정하는 것이었다. 그렇게 6개월 동안 직판행사 및 판매를 통해 자신감을 얻었다. 그리고 무엇보다 재배 농민들이 '외국산 키위와 맞서 싸울 수 있다'는 희망을 갖게 된 것이 큰 소득이었다.

직판행사의 성공은 키위라는 외국 이름 대신 '참다래'라는 순수 국산 이름을 만드는 된 계기가 되었고, 생산에서 유통까지 일원화한 '참다래 산업'은 재배 농민들에게 고소득을 안겨주는 발판이 되었다.

행사가 끝난 뒤 뒤풀이 자리에서 뉴코아 담당자는 소주 한잔하면서 나에게 이런 말을 건넸다.

"회장님을 두 번째 만났을 때 눈빛이 얼마나 강하게 내리 쏘이든지 안 들어주면 저를 죽일 것 같았습니다. 그래서 무리하게 직판행사의 기회를 드렸는데 성공을 거두셨네요. 정말 축하드립니다."

나는 정성을 다하는 것만큼 큰 힘은 없다는 것을 새삼 깨닫게 되었다.

제주도에서 수백만 평의 땅에 재배했던 바나나와 파인애플이 수입개방 이후 자취를 감춘 것과 비교하면 참다래의 '부활'은 한철골(寒澈骨) 후 박비향(撲鼻香)이었다.

거북선의 '덮개'

·

IMF 외환 위기로 국내 경제가 어려워졌던 1997년부터 나는 고구마에서 새로운 가치를 창출하기 위해 혼신의 힘을 기울였다. 고구마는 벚꽃이 피면 싹이 나면서 썩어버리기 때문에 유통기한이 짧았다. 나는 참다래 판매를 위해서 백화점 행사를 할 때마다 옆 진열대에 쌓여 있는 흙 묻은 고구마를 보았다. 오전에는 그런대로 볼만하지만, 오후가 되면 소비자들이 모양 좋은 것은 다 골라가고 못생기고 흙 범벅인 고구마만 남아 볼썽사납게 진열대에서 뒹굴고 있었다. 도매시장에서도 흙 묻은 고구마가 중량도 가격도 표준화도 안 된 채 들쭉날쭉 팔리고 있었다.

그러던 중 일본의 식품박람회에 참석했다가 시장조사차 한 백화점에 들렀다. 야채 청과 진열대를 돌아보던 중 눈에 확 들어오는 것이 있었다. 고구마였다. 고구마를 랩에 싸서 깨끗하게 하나씩 진열해 놓았는데, 우리 고구마의 10배 값이었다. "아차, 왜 이걸 몰랐지!" 귀국길에 두 묶음을 샀다. 해남에 돌아올 때의 그 설렘을 어떻게 표현할 수 있을까?

그 이후 씻어도 썩지 않는 기술, 장기 저장법, 품종 개발에 온 힘을 기울였다. 여러 차례 실패하면서 좌절감에 시달리기도 했지만 대학 연구소와 협력하는 등 3년여 동안 총력을 기울인 끝에 일반 고구마와 전혀 다른 새로운 고구마 개발에 성공했다. 장기 저장은 물론 물로 씻어도 썩지 않을 뿐만 아니라 오히려 고구마의 붉은 빛깔이 살아나는 '바이오 고구마'를 개발한 것이었다.

철저한 시장조사를 통해 포장 단위와 포장 재질, 포장 형태와 브랜드까지 새롭게 개발해 천대받던 고구마를 최고의 기호상품으로 탈바꿈시켰다.

천덕꾸러기 취급을 받던 구황작목 고구마가 건강 다이어트 식품으로 다시 태어난 것이었다. 한 전문가는 "무수리 궁녀를 장희빈 만들었다"고 찬사를 아끼지 않았다.

고구마 개발은 거북선의 '덮개'에 견줄 수 있을 만큼 폭발적인 반응을 이끌어냈고, 이는 곧 고구마 재배 농가의 소득 증대로 직결되었다.

바이오 고구마는 기존 제품과 완전히 차별화된 상품이었기 때문에 수익성 면에서 일반 고구마와는 비교가 되지 않았다. 바이오 고구마 개발로 IMF의 어려움 속에서도 지속적인 발전을 이룩할 수 있었고, 연간 1천억 원대에 불과했던 국내 시장이 4천억 원대의 시장으로 규모가 대폭 확대되었다.

땅덩어리는 좁고 농업 기반은 취약한데 규모와 가격을 앞세운 외국 농산물이 거세게 밀려오고 있지 않은가. 총칼만 들지 않았을 뿐인 농산물 전쟁에 패하면 우리 식품은 자주성을 잃고 외국에 종속될 수밖에 없다. 따라서 차별화된 전략과 새로운 패러다임으로 돈 버는 농업을 만들어야 한다.

울돌목의 바다를 바라보면서 나는 새롭게 각오를 다졌다. 우리 농업의 부활을 위해 모든 것을 쏟아 부으리라.

지나가는 자동차 한 대 없는 한적한 진도대교 위로 서서히 어둠이 내려앉고 있었다.

소금이 광물입니까?

어린 시절을 바닷가 마을에서 보낸 나는 일찍부터 천일염을 접했다. 집집마다 염전에서 생산된 소금을 두세 포대씩 사다 놓고 쓰는 것을 보면서 자랐다. '소금은 바람이 잘 통하는 곳에 오래 보관해 간수를 뺀 다음에 먹어야 좋다'는 것도 그때 알았다. 그 소금으로 배추를 절이고 장을 담그던 어머니의 모습이 지금도 눈에 선하다.

소금이 광물로 천대받고 있다는 사실을 알게 된 것은 1999년경이었다. 우연한 기회에 한 논문을 접했다. 염(鹽) 전문가가 쓴 글이었다. 천일염을 광물로 분류해 산업자원부가 관리하고 있다는 내용이 들어 있었다.

나는 관련 자료를 찾아보았다. 사실이었다. 1963년 제정된 염관리법에 따라 천일염도 정제염과 같이 광물로 분류해 산업자원부가 관리하고 있었다.

광물이라면 암석이나 유리 같은 무기물질을 일컫는 말이 아닌가. 소금이 그런 광물로 분류되었다는 것이 어이가 없었다. 우리 몸에 필요한 각종 영양과 미네랄을 공급해 주는 소금이 무기물질인 광물 취급을 받다니, 잘못돼도 한참 잘못되었다는 생각이 들었다.

답답한 것은 그것뿐만이 아니었다. 천일염이 수입 소금보다 가격이 비싸 경쟁력이 없다는 이유로 정부가 폐전 정책을 실시하고 있었다. 1997년 8,700헥타르이던 염전을 1,400헥타르만 남기고 모두 없앤다는 계획 아래 폐전 비용을 지원하고 있었다. 소금을 광물로 취급해 천대하니 가격 경쟁력이 떨어지고, 경쟁력이 떨어지니 정부가 폐전에 나서는 악순환의 고리가 형성된 것이었다.

그러나 우리나라 서·남해안은 천일염 생산지로 최적의 조건을 갖추고 있다. 세계적인 소금 생산지로 알려진 프랑스의 게랑드 지역과 비교해도 손색이 없을 정도다. 그런데도 우리나라에서 생산된 소금과 프랑스에서 생산한 소금값은 비교가 안 될 정도였다. 프랑스의 게랑드 소금은 킬로그램당 6~9만 원에 판매되는데, 우리나라 신안 등지에서 생산되는 천일염은 기껏해야 킬로그램당 1~2천 원이었다. 품질은 손색이 없는데 가격은 60분의 1 수준에 불과했다.

소금에 대한 인식 부족 때문이었다. 소금을 광물로 취급할 정도로 인식이 부족하니 상품 개발이 제대로 될 리 만무하고, 마케팅은 생각도 하지 못하는 형편이었다. 나는 그런 현실이 너무나 안타까웠다.

농식품부장관으로 내정되어 정책을 구상하면서 '소금'을 꼭 챙겨야겠다고 생각했다. 광물로 취급받는 천일염을 농식품부에서 가져와 기초식품으로 산업화할 생각이었다. 해당 부처와 담판을 벌여서라도 천일염을 이관 받아 프랑스의 게랑드 천일염처럼 한국을 대표하는 식품으로 키우겠다고 다짐했다.

소금은 식품이다

기회는 생각보다 빨리 왔다. 취임도 하기 전이었다. 2월 18일 이명박 대통령 주재로 국무위원 내정자 워크숍이 열렸다. 국정에 관한 공감대를 형성하기 위한 자리였다. 워크숍 마지막 시간에 대통령께서 부처간 소통의 중요성을 강조하며 토론 시간을 마련해 주었다. 나는 대통령의 모두 발언이 끝나기를 기다렸다가 손을 들고 발언권을 얻었다.

"식품을 통합해 농업을 살리겠다는 대통령님의 뜻에 따라 농식품부가 출범했습니다. 그런데 모든 식품의 근간이 되는 소금에 대해서 제가 한번 여쭤보겠습니다, 소금이 식품입니까? 광물입니까?"

나는 그렇게 질문을 던졌다.

"천일염을 지식경제부에서 광물로 관리하는 바람에 가치가 턱없이 떨어졌습니다. 프랑스의 게랑드 소금은 킬로그램당 6~9만 원인데 비해 남해안의 우리 소금은 1~2천 원에 불과합니다.

다시 말씀드리지만 소금은 광물이 아닙니다. 식품입니다. 모든 음식의 근간이 되는 기초식품입니다. 이제 농식품부가 출범했으니 하루빨리 천일염을 농식품부로 넘겨주십시오. 그러면 프랑스의 게랑드처럼 세계적인 식품으로 육성하겠습니다. 1천억 원의 시장을 1조 원 시장으로 키우겠습니다."

여러 내정자들이 나의 주장에 공감했다. 대통령도 고개를 끄덕였다. 해당 부처인 지식경제부장관도 별다른 이의를 제기하지 않았다.

행정 절차를 거쳐 취임 한 달 보름 만에 소금은 농식품부의 '품'으로 들어왔다. 광물로 천대받던 소금이 비로소 제자리를 찾은 것이었다.

그러나 그것은 시작에 불과했다. 나는 천일염을 기반으로 하는 된장, 간장, 고추장, 김치, 젓갈을 우리나라 5대 발효식품으로 선정, 세계적인 명품으로 육성하겠다는 중장기 계획을 발표하고 본격적인 시행에 돌입했다.

그러자 방송에서도 다큐멘터리를 제작해 방영하는 등 천일염을 새롭게 조명했고, 국민들의 인식과 관심도 크게 달라졌다. 특히 두바이의 칠성급 호텔에서 게랑드 대신 신안 신의도에서 생산되는 천일염을 사용하기로 하는 등 국제적으로도 명성을 얻기 시작했다.

'천년의 향기' 전통주

천일염을 식품으로 제자리를 찾게 한 것은 기쁘지만 아직까지 진한 아쉬움으로 남아 있는 것이 있다. 전통주다.

'천년의 향기'라는 표현답게 전통주는 조상 대대로 이어져온 또 하나의 중요한 전통식품이다. 60~70년대에 곡물 부족 때문에 법으로 그 제조를 제한하여, 명맥이 끊기기도 했지만 이제는 상황이 달라졌다.

전통주는 맛과 품질이 뛰어나고 문화적 가치가 높아 노력 여하에 따라 새로운 미래 산업이 될 수 있다. 일례로 막걸리는 그동안 저급 술로 천대받았지만, 최근 들어 여러 가지 효과가 입증되고 요구르트보다 많은 유산균을 함유한 사실이 알려지면서 살아 있는 발효주로 각광받고 있다.

일본의 사례도 교훈으로 삼을 만하다. 일본은 자신들의 전통주인 사케를 프랑스의 와인처럼 세계적인 브랜드로 육성한다는 계획 아래 정부 차원에서 집중 육성하고 있다. 그 결과 다양한 상품 개발이 이루어지고 다각적인 국내외 마케팅이 더해져 사케 시장을 세계로 넓혀가고 있다.

우리 전통주도 사케에 비해 맛이나 품질이 떨어지지 않는다. 그런데도 상품화, 산업화가 이루어지지 않고 있다. 정부 차원의 뒷받침이 부족한 것도 사실이다. 각종 인허가를 비롯한 전통주 관리업무를 아직도 국세청에서 관장하고 있기 때문이다.

국세청은 세금을 징수하고 관장한다. 전통주를 국세청에서 관리한 것은 과거 부족한 세수 때문이었다. 경제가 어려웠던 60~70년대 양조장과 전통주가 국세에 큰 영향을 미쳤고, 그로 인해 전통주를 국세청에서 관리한 것이 지금까지 이어져오고 있다.

그러나 이제는 바뀌어야 한다. 전통주를 국세청에서 관리하는 한 산업이 될 수 없다. 국세청은 전통주의 발전 방향을 찾기보다는 세수의 대상으로 인식할 수밖에 없기 때문이다. 이런 상황에서는 전통주를 체계적이고 집중적으로 육성하기 어렵다.

대통령 주재 각료 내정자 워크숍에서 나는 천일염과 함께 전통주의 농식품부 이관을 요구했다. 그러나 천일염과 달리 전통주는 아직도 국세청 관할로 남아 있다.

앞에서 지적한 대로 전통주는 농식품부로 이관되어야 한다. 그래야 전통주가 새로운 미래 산업으로 육성되고 발전할 수 있다. 천일염의 성공 사례가 그것을 입증하고 있지 않은가.

2

바꿔라,
다 바꿔라

나는 '해도 그만 안 해도 그만' 인 일은 과감히 "하지 말라"고 지시했다.
쓸데없는 일에 허비하는 시간과 인력을 절약해 창의적인 일에 투자한다면
농촌을 풍요롭게 하는 원동력이 되리라 믿었기 때문이다.

텃세 이겨내는
대장 닭이 되리라

　장관으로 발탁되었을 때 나는 장닭을 생각했다. 정치 경험도 행정 경험도 없이 중앙정부에 입성하는 내가 마치 낯선 닭장 속으로 들어가는 장닭이 된 듯한 느낌이었다.

　중앙행정기관은 보수적인 조직이다. 통계적으로 신임 장관이 조직을 장악하는 데 평균 6개월이 걸린다고 한다. 그것도 잘했을 때 그렇다는 것이고, 자칫 잘못하면 재임 내내 '텃세' 타령이나 하다가 물러나는 경우도 있다고 한다. 오죽하면 어느 신문에서 장관을 과객, 즉 '지나가는 나그네'라고 표현했을까.

　어린 시절 고향 마을에서는 집집마다 닭을 많이 길렀다. 마당 한쪽에 대여섯 평 남짓한 닭장을 지어놓고 암탉과 수탉 열댓 마리씩을 키웠다. 우리 집도 마찬가지였다.

닭 키우는 일은 나의 몫이었다. 학교에서 돌아오면 으레 모이도 주고 닭장 바닥의 짚도 바꿔주었다. 암탉이 낳은 따뜻한 달걀을 꺼내 먹기도 하고, 노란 병아리를 손바닥 위에 올려놓고 놀기도 했다.

나는 닭을 키우면서 닭의 세계에는 그들만의 '질서'가 존재한다는 사실을 깨달았다. 유심히 살펴보니 닭장마다 대장 닭이 있고, 나머지 닭은 대장 닭을 중심으로 일사불란하게 움직였다. 새벽을 가장 먼저 알리는 닭의 울음도 대장 닭이 먼저 울어야 비로소 다른 닭이 따라 울었다. 닭장 속에서 가장 좋은 자리를 차지하는 것도, 모이에 가장 먼저 입을 대는 것도 대장 닭이었다. 보면 볼수록 신기했다.

『한시외전(韓詩外傳)』이라는 고전에 닭의 다섯 가지 덕을 예찬한 구절이 있다.

"머리에 관을 쓴 것은 문(文)이요, 발에 갈퀴를 가진 것은 무(武)요, 적에 맞서서 감투하는 것은 용(勇)이요, 먹을 것을 보고 서로 부르는 것은 인(仁)이요, 밤을 지켜 때를 잃지 않고 알리는 것은 신(信)이라는 것이다."

닭의 세계에 엄격한 질서가 유지되는 것은 닭이 이러한 오덕(五德)을 갖추고 있기 때문이다. 그런데 여기에 외부의 '닭'이 들어올 경우 기존의 닭은 텃세를 부린다. 질서가 흐트러져서는 안 되기 때문이다. 특히 대장 닭과 대적할 만큼 우람한 장닭을 닭장 안에 넣으면 대장 닭을 비롯해 모든 닭들이 하나로 뭉쳐 적극 대항한다.

처음에는 외부에서 유입된 장닭 주위를 배회하면서 경계하고 관찰하지만, 밤이 되면 차례차례 장닭에게 다가가 뒷머리를 쪼아댄다. 치명적인 급소를 집중적으로 공격하는 것이다.

이를 견디지 못한 장닭은 구석에 숨거나 피해 다니기 바쁘다. 시달리다 지친 닭은 결국 뒤로 처지거나 죽어나오게 된다.

그러나 기존의 닭장 안에 있는 닭들을 단번에 제압하고 주도권을 쥐는 닭도 있다. 이러한 닭은 닭장에 들어가자마자 대단한 카리스마를 발휘한다. 고개를 뻣뻣이 쳐들고 다니면서 뒷머리를 쪼지 못하게 하는 것은 물론이고 자신을 해하려는 닭을 오히려 제압한다.

새벽에 '꼬끼오' 하고 가장 먼저 우는 대장 닭이 새롭게 탄생하는 것이다. 이처럼 엄격한 질서가 닭들의 세계에 존재한다.

장관 임명장을 받기 전에 어린 시절 닭을 키웠던 기억이 떠올랐던 것은 혹시 있을지도 모를 '텃세' 때문이었다.

나는 정치인도 아니고 행정 전문가도 아니다. 그렇다고 학자도 아니다. 평생을 농업 현장에서 보낸 농업인 CEO 출신이다. 정통 관료의 입장에서 보면 외부인사요, 이방인이었다.

그러니 장관인 내가 아무리 개혁을 외치고 변화를 주장해도 조직이 따라오지 않으면 아무것도 할 수 없을 것 같았다. 자칫 잘못하면 닭장 안에서 시달리다가 죽어 나오는 장닭 신세가 될 수도 있었다. 그런 만큼 내게 주어진 첫 번째 과제는 보수성이 강한 관료조직을 어떻게 장악하느냐 하는 것이었다.

장관님, 언론이 가만있지 않을 텐데요

취임식이 조직 장악의 첫 번째 장(場)이었다. 직원들과 처음 대면하는 취임식장에서 직원들에게 분명한 메시지를 전달하고 강력한 리더십을 보여주어야 했다. 그래야 텃세를 극복하고 농정 개혁과 함께 조직 개혁을 제대로 추진할 수 있다고 판단했다. 나는 이전과는 완전히 다른 취임식을 생각했다.

"청와대에서의 장관 임명장 수여식이 오후 5시로 잡혀 있습니다. 그다음 총리 취임식에 참석해야 합니다."

취임식 문제를 협의하기 위해 나를 찾아온 담당 국장은 난감한 표정으로 입을 열었다. 근무시간 내에 취임식을 갖기가 어렵다는 것이었다. 총리 취임식 이후 국무위원들이 국립묘지를 참배하고 나면 저녁 7시쯤 될 것이라는 말을 덧붙였다.

그러나 나는 개의치 않고 지시했다.

"다음날이 토요일이니 늦더라도 합시다. 오히려 잘됐네요. 정부청사 내 대강당이 하나이니 선점 예약하십시오. 일과를 마친 시간이니 본부 직원은 모두 참석토록 해주시고, 산하기관 및 단체에서도 국장과 부장급 이상 간부 직원이 전원 참석했으면 합니다."

나는 관례에 따라 간부 직원 70여 명만 모아놓고 취임식을 하지는 않겠다는 뜻을 분명히 했다. 농업 발전을 위해 간부와 직원 그리고 산하기관 전체가 힘을 합쳐야 한다고 생각했기 때문이었다.

담당 국장의 얼굴에 곤혹스러워하는 기색이 역력했다.

"취임식을 마치면 앞으로 추진할 농정 방향에 대해 제가 특강을 할 생각입니다. 그렇게 알고 준비해 주시면 고맙겠습니다."

내 말이 떨어지기가 무섭게 담당 국장이 되물었다.

"특강을 하시겠다고요?"

저녁 7시에 취임식을 하는 것도 부담스러운데 '밤늦은' 취임식에 이어 특강까지 하겠다니 담당 국장은 내가 혹시 말을 잘못한 것이 아닌가 싶어 한참 동안 쳐다봤다.

"그날은 좋은 날이니 축하공연도 함께 했으면 좋겠습니다."

내가 이렇게 부연하자 국장이 입을 열었다.

"장관님, 그건 안 됩니다. 그랬다가는 언론에서 가만있지 않을 겁니다. 지금이 어느 땐데 축하공연이냐고 대서특필하면 어쩌려고 그러십니까?"

그는 당혹스러운 표정을 감추지 않았다.

"모든 책임은 제가 질 테니, 그렇게 알고 준비해 주세요."

신임 장관의 예기치 못한 지시에 담당 국장은 '뒷감당을 어찌하려고 저러시냐' 하는 표정이었다.

관례 깬 한밤의 취임식

2008년 2월 29일. 과천 청사에 도착하니 저녁 7시였다. 낮이 짧은 계절이라 이미 캄캄한 밤이었다. 대강당에는 농식품부 직원들과 산하기관과 단체의 간부 1천여 명이 모여 있었다. 자리가 부족해 서 있는 직원들도 많았다.

국민의례를 마치고 사회자의 소개에 따라 연단에 섰다. 취임식의 주제는 〈농업의 밀물시대를 열자〉는 것이었다. 농림부가 농식품부로 확대 개편된 의미, '돈 버는 농어업, 살맛 나는 농어촌'의 새로운 패러다임을 위한 핵심 과제를 소개하고 힘을 모아 함께 이루어나가자고 당부했다.

취임사가 끝나자 장내가 소란스러워졌다. 다들 취임식이 끝난 줄 알고 자리를 뜰 준비를 했다. 그때 사회자가 성악 공연이 이어지겠다고 안내했다.

그러자 여기저기서 웅성거리기 시작했다. 길어야 이삼십 분이면 취임식이 끝날 것으로 생각하고 저녁 약속을 잡아놓은 직원들은 난감할 수밖에 없었다.

"아시겠지요? 성악 공연은 제가 장관 된 것을 축하하는 축하연이 아닙니다. 직원들의 화합을 위한 한마당입니다. 그렇게 소개해 주세요."

공연 직전 나는 사회자를 조용히 불러 공연의 취지를 설명했다. 사회자가 다시 말을 이었다.

"형제가 따로 살다 모여도 화합이 어려운데, 농림 · 수산 · 식품이 한식구가 되었습니다. 세 가족이 모여 한가족이 됨을 축하하는 화합의 무대를 열겠습니다."

장내가 다시 조용해졌다. 공연 팀이 등장하자 직원들은 요란한 박수로 화답했다. 취임식에 참석한 모든 사람들의 얼굴도 환하게 밝아졌다.

"신임 장관의 농업정책과 관련한 특강이 이어지겠습니다."

공연이 끝나고 사회자가 다음 순서를 소개하자 장내 분위기가 또다시 어수선해졌다. 밤 8시가 넘었는데 저녁식사도 거른 채 특강을 하겠다니. 여기저기서 웅성거리는 소리가 들려왔다.

나는 연단으로 나가 마이크를 잡았다.

"저는 비닐하우스에서 5년 5개월을 살았습니다. 태풍 셀마가 닥쳤을 때는 하우스의 지붕이 날아가 뜬눈으로 절망의 밤을 보냈습니다. 현장의 농업인이라면 누구나 저처럼 쓰라린 경험을 갖고 있을 겁니다. 오늘 저녁식사 한 끼 늦게 먹더라도 어려운 농업인과 함께한다는 마음으로 공감해 주시면 감사하겠습니다."

웅성대던 장내가 다시 조용해졌다.

"오늘 이 자리에 농협중앙회 회장 이하 간부들과 식물검역소, 농산물품질관리원, 수의과학검역원, 종자관리원 식구들도 참석했습니다. 산림청 직원들은 대전에서, 수산과학원은 멀리 부산에서 참석하였습니다. 한자리에 모이기 어려운 분들이 모였기에 취임식만 하고 끝낼 수는 없습니다."

나는 그렇게 특강을 시작했다.

"수산과 식품이 결합해 농림부가 농림수산식품부로 바뀌었습니다. 화합이 절대적으로 요구되는 시기입니다. 농정개혁을 원활히 추진하기 위해서는 이 자리에 모인 여러분들이 장관의 농정 철학과 정책 방향을 하루빨리 공유해야 합니다. 그래서 늦은 밤 이 특강을 준비한 것입니다. 변화해야 합니다. 우리가 변해야 농업이 발전하고 살기 좋은 농촌이 될 것입니다."

장내 분위기가 숙연해졌다. 나는 취임사에서 '짧게' 밝힌 농업의 밀물시대를 열기 위해서는 구체적으로 무엇을 어떻게 해야 하는지 차근차근 설명했다. 네덜란드를 농업 최강국으로 만든 바탕인 농업인들의 조직화와 규모화, 차별화와 주인정신의 중요성을 강조했다. 특강 말미에는 특강 내용을 토대로 각 부서가 정책을 수립하여 보고해 줄 것을 요청했다.

"오늘 하루 우리는 저녁도 먹지 못했고, 뒤에 계신 300여 분들은 줄곧 서서 행사에 임했습니다. 죄송합니다. 그러나 우리가 섬겨야 할 농업인들과 마음을 함께한 것으로 공감해 주시기 바랍니다."

나는 밤늦게까지 함께해 준 데 대한 감사의 말로 특강을 마무리했다. 시계는 밤 9시 30분을 가리키고 있었다.

가슴에 명찰을 달라고요?

 장관 업무 첫날. 나는 첫 행사로 농업인 단체장들과의 간담회를 마련했다. 그들의 이야기를 귀 기울여 듣고 정책을 수립하기 위해서였다. 간담회의 주인은 당연히 '참석자'였다. 나는 담당 직원에게 장관을 비롯해 간담회에 참석하는 간부들의 명찰을 준비하라고 지시했다.

 "저~어, 장관님. 장관님을 비롯해 간부들이 앉는 자리에 명패를 놓으면 되지 않을까요. 이런 행사에 명찰을 다는 것은 좀…"

 담당 직원이 말끝을 흐렸다.

 나는 농업인 단체장들이 간부들의 직책과 이름을 잘 모르니, 간담회가 시작되기 전에 간부들이 먼저 가슴에 명찰을 달고 회의실 앞에서 그들을 맞이하자고 제안했다.

"농업의 주인은 농업인입니다. 농업인을 위한 농정이 되어야 합니다. 그리고 그것을 행동으로 보여줘야 합니다. 행동을 하면 의식이 바뀝니다. 의식이 바뀌면 조직 내 새로운 창조가 일어납니다."

간담회 날, 나는 '장관 정운천'이라고 쓰인 명찰을 왼쪽 가슴에 달았다. 그러자 다른 간부들도 자신의 직함과 이름이 적힌 명찰을 찾아서 달기 시작했다.

간담회 시작 10분 전, 나는 가슴에 명찰을 단 17명의 간부들과 함께 회의실 문 앞에 도열했다. 시간이 다가오자 단체장들이 한 명 두 명 모습을 드러냈다. 간부들이 차례차례 인사를 하며 극진히 맞았다.

"유통국장입니다."

"기획실장입니다."

"제1차관입니다."

간부들과 인사를 나눈 후 내 앞에 온 단체장에게 나 또한 정중하게 허리를 숙였다.

"장관입니다."

예전과는 다른 정중한 영접에 참석자들의 얼굴이 상기되어 있었다. 나는 그 기분을 충분히 이해할 수 있었다. 지금까지는 단체장들이 모두 자리를 잡고 앉아서 기다리면, 장관이 간부들을 대동하고 나타나는 것이 관례였다. 단체장들 또한 그러한 관행을 당연한 것으로 받아들였다.

그런데 거꾸로 장관을 비롯한 간부들이 먼저 나와서 그들을 깍듯이 영접하니 당황했을 것이었다.

간담회에서도 나는 주인의 책임을 강조했다.

"농업의 주인은 바로 여러분입니다. 주인에게는 권한도 있지만 책임도 따릅니다. 주인으로서 농업에 대해 고민해 주십시오. 앞으로 열흘 동안 고민해서 여러분들이 원하는 정책을 만들어주십시오. 정책을 제안하면 관련 팀을 구성해 면밀히 검토해서 실현 가능한 것은 바로 정책에 반영하겠습니다. 당장 실천할 수 없는 제안은 대안을 찾겠습니다. 정책을 만드는 데 필요하다면 담당 과장과 사무관을 파견해서라도 돕겠습니다. 최선을 다해 잘사는 농촌을 함께 만들어봅시다."

그날 나는 이런 간절한 소망을 담은 요청과 더불어 첫 간담회를 마쳤다. 어찌 보면 여느 간담회와 다를 게 없었다. 그러나 내게는 변화의 시험대였다. 기존의 틀을 바꾸고 농업의 패러다임을 바꾸는 일이었다. 농업의 주체는 정부가 아니라 바로 농업인 자신들임을 자각시킨 것이었다.

열흘 뒤 간담회에 참석한 36개 단체에서 280여 가지의 정책을 제안해 주었다. 세목별로 따지면 무려 650여 가지에 달하는 제안이었다.

간담회에 참석한 단체가 37곳이었으니 한 곳을 제외한 모든 단체가 정책 제안에 동참한 것이었다. 나는 가슴이 뭉클했다. 제안한 내용이 얼마나 현실을 반영한 것인지, 실현 가능성은 어느 정도나 되는지 따지기 전에, 농업인 단체 스스로 농업의 주체임을 자각했다는 것만으로도 의미 깊은 일이 아닐 수 없었다.

정책 추진의 가장 큰 동력은 신뢰였다. 농업인들이 정부를 신뢰하고 정부 또한 농업인을 진정한 주인으로 섬긴다면 그보다 더 큰 힘은 없을 것이었다. 농업인 단체의 정책 제안을 통해 나는 그 가능성을 보았다.

나는 280여 개의 정책 제안을 분야별로 구분해 면밀히 검토하고 해당 부서 담당자들이 이를 실천에 옮기는 데 차질이 없도록 지원할 것을 지시했다.

정부는 농업인을 믿고, 농업인은 정부를 신뢰하며 역할을 분담해서 각자의 할 일을 하는 것, 그것이 농업 발전의 출발점이 될 것이다.

가자, 현장 속으로!

A4 용지 네댓 장에 적힌 축사를 읽고 나서 비서관을 쳐다보았다.

"담당 사무관이 초안을 잡고 과장과 국장의 검토를 거쳐 올라왔습니다."

비서관의 대답이었다.

"그래요? 제가 하고자 하는 이야기의 주제와 차이가 많이 나는 것 같습니다."

나는 축사와 관련된 결재서류를 비서관에게 돌려주었다.

다음날 오전 외부 행사가 계획되어 있었다. 식품산업 발전에 관한 심포지엄이었다. 농식품부 출범 이후 처음으로 열리는 식품 관련 행사라 직접 참석하겠다고 했다. 농식품부의 출범 의미를 설명하고 농식품 산업 발전에 동참해 달라는 취지의 축사를 하기로 되어 있었다.

그러나 해당부서에서 작성한 원고에는 그러한 주제가 제대로 드러나지 않았다. 그래서 다시 쓰라고 돌려보낸 것이었다.

돌려보내고 나니 함흥차사였다. 퇴근 시간이 다 되어가는데도 수정원고가 올라오지 않았다. 무엇을 얼마나 고치기에 그렇게 많은 시간이 걸리는지 궁금해 비서관에게 조용히 상황을 파악해 보라고 했다.

"오전에 담당 사무관이 수정하고 오후에는 과장이 검토했는데, 국장이 다시 고치라고 했답니다. 장관님의 뜻이 제대로 반영되지 않은 것 같다고요. 지금 담당 사무관과 과장이 머리를 맞대고 수정하고 있습니다."

비서관의 보고를 듣고 나니 한숨이 나왔다. 10여 분 남짓 연설할 축사 하나를 쓰는 데 몇 사람이 매달려 있다니, 그것도 하루 종일을….

아니 수정하는 데 하루 종일 걸렸으니 초고를 쓴 시간까지 감안하면 훨씬 많은 시간과 인력이 투자되었을 것이었다.

장관 축사 안 쓰셔도 됩니다

중앙부처의 사무관과 과장, 국장급은 대부분 행정고시 출신의 고급인력이다. 어디 내놓아도 손색이 없는 고급두뇌들이, 장관의 축사 원고를 쓰는 일에 하루 종일 매달린다는 사실이 쉽게 납득이 되지 않았다. 이틀이 멀다 하고 외부 행사가 있는 점을 감안하면 낭비도 이런 낭비가 없다는 생각이 들었다.

"앞으로 특별한 경우를 제외하고 축사를 쓰지 않아도 됩니다. 행사와 관련된 정책 내용만 몇 줄 개괄적으로 메모해 주십시오. 나머지는 제가 알아서 하겠습니다. 축사가 조금 어눌하더라도 그렇게 하겠습니다. 그 시간에 여러분들은 본연의 업무에 충실해 주십시오. 여러분의 고객은 장관이 아니라 농업인입니다. 농업인이 좀 더 편하게, 좀 더 잘살 수 있게 하는 일에 전력해 주십시오."

다음 날 국장 회의에서 나는 축사 같은 것을 쓰지 않아도 된다고 이야기했다. 아울러 국장 회의 자료도 준비하지 말라고 지시했다. 회의 때마다 책상 위에 수북이 쌓이는 자료들. 그 자료를 준비하기 위해 직원들이 얼마나 많은 시간을 허비하고 있을지 눈에 보였기 때문이었다.

국장 회의는 자료가 중요한 것이 아니었다. 해당국의 주요 정책에 대한 토론 형식으로 진행되기 때문에 두툼한 자료를 읽을 만한 시간적 여유가 없을 뿐만 아니라 자료에 의존하지 않아도 원활히 진행할 수 있었다.

그러나 자료를 준비하는 담당 사무관이나 과장 입장에서는 시간은 물론 심적으로도 부담이 되는 일이었다. 비효율적인 잡무에 쏟아 붓는 시간을 줄여서 창조적이고 생산적인 일에 투자하기를 바라는 마음에서 내린 결단이었다.

의전도 관례를 깼다. 장관이 외부 행사에 참석하면 담당 부서 관계자와 비서 등 대여섯 명이 수행하는 게 관례였다. 그러나 사실상 그 렇게 많은 인력이 필요치 않았다. 해당 업무 담당자 한 명만 있어도 일 처리에 부족함이 없었다. 나는 수행비서와 인원을 최소화했다.

나는 농업인 CEO로 활동할 때도 개인비서를 두지 않았다. 운전도 직접 했다. 내 자신의 편의를 위해 돈과 인력을 쓰지 않고 솔선수범 한 결과 비용 절감과 수익 증대라는 두 마리 토끼를 잡을 수 있었다. 이는 또한 조직원들이 나를 더 신뢰하는 계기가 되었고, 더 열심히 일하는 밑거름으로 작용했다.

과일나무도, 조직도 가지치기를 잘해야

나는 마치 기업을 경영하듯 가장 효율적으로 조직원을 관리하는 것이 최선이라고 생각했다. 장관직 수행에 필요한 최소한의 인원만 배치함으로써 직원들이 본연의 업무에 충실하도록 한 것이었다.

나는 아무리 기존의 관례가 중요하다고 해도 잘라내야 할 것은 과 감히 '가지치기'를 했다.

과실수는 가지치기를 제때에 해주어야 튼실한 열매를 맺는다. 조 직도 마찬가지다. 필요 없는 가지는 제때 잘라내는 것이 농부가 할 일이다. 그래야 가을에 먹음직스런 열매를 거둘 수 있다.

나는 '해도 그만 안 해도 그만'인 일은 과감히 "하지 말라"고 지시 했다. 부서 간에 중복되는 일 또한 가지치기의 대상이었다. 쓸데없는 일에 허비하는 시간과 인력을 절약해 창의적인 일에 투자한다면 농촌을 풍요롭게 하는 원동력이 되리라 믿었기 때문이다.

현장에 답이 있다

우리 농업이 처한 현실이 어떤지, 문제점은 무엇인지, 그리고 해결책은 무엇인지에 대한 해답은 '농업 현장'에서 찾을 수 있다.

나는 참다래와 고구마 개발을 위해 수많은 시간을 '현장'에서 보냈다.

책상에 앉아 머리만 굴려서는 '답'이 나오지 않음을 잘 알고 있었기에 현장을 파고든 것이었다. 한 봉지에 고구마를 몇 개 담을 것인지, 가격은 얼마로 책정할 것인지…. 백화점과 할인점을 수도 없이 드나들면서 소비자들의 수요를 파악했다.

이러한 시장조사 결과를 토대로 고구마의 소포장 가격을 정했고 그것이 매출 증대의 토대가 되었다.

직원들에게 "현장 속으로!"를 외친 것은 그때의 경험 때문이었다. 현장 속으로 파고들어야 제대로 된 정책이 나오고, 그 정책이 차질 없이 추진되는 '동력' 또한 현장에서 나온다고 믿기 때문이었다.

장관 수행에는 최소한의 인력을 배치하고 절약된 인력을 농촌 현장에 투입하고자 했다. 농정 개혁의 중심축이 될 현장 농정을 구현하기 위해서는 정책을 입안하는 공무원들이 현장을 제대로 알아야 했다. 그들이 수시로 현장을 둘러보며 각종 현황과 문제점 등을 파악하는 것이 급선무였다.

이를 제도적으로 정착시키고 정례화하기 위한 것이 바로 '현장 속으로!' 운동이었다. 기존의 업무를 30퍼센트 줄이면 각 부서별로 2~3명의 인력을 현장에 투입할 수 있었다. 새로 생긴 잉여인력을 1개월 단위로 순환시키며 농촌 현장에 파견하자는 것이었다.

담당 업무와 관련된 현장을 돌면서 문제점을 파악하는 한편, 농업인들의 건의 등 생생한 농업 현장의 목소리를 직접 듣고, 그것을 구성원들과 함께 공유해 정책화하면 그만큼 '살아 숨쉬는' 농업정책을 수립하게 될 것이고, 정책의 실현 가능성 또한 그만큼 높아질 것이었다.

양복 벗고 넥타이 풀고

4월 17일 오후, 나는 수원에 있는 농업연수원으로 향했다. 1박 2일 일정으로 열리는 제1차 시장·군수 농정 워크숍에 참석하기 위해서였다.

농업 행정의 패러다임을 바꾸는 일대 전환점으로 생각하고 준비한 각별한 행사였다. 새 정부에서 추진할 농정개혁의 성패를 좌우할 수 있는 행사였다. 그만큼 워크숍에 대한 기대가 컸다.

연수원에 도착한 나는 참석자 현황부터 확인했다. 내 입장에서는 최선을 다해 준비했지만 과연 얼마나 많은 시장·군수들이 동참해 줄지 걱정이 되었다.

"27명이 참석했습니다. 나머지 3~4개 시·군에서도 부군수가 대신 참석했습니다."

나는 농업을 살리기 위해서는 시장·군수가 앞장서야 한다는 생각을 오래 전부터 갖고 있었다. 중앙정부의 획일적 농정으로는 한계가 있음을, 농업인으로 현장에서 일하면서 피부로 절감했기 때문이다. 지자체가 주체가 되어 해당지역에 적합한 농정을 집행하고, 중앙정부가 제도적으로 뒷받침할 때 효율적인 농정 추진이 가능할 것이었다.

나는 취임 이후 시장·군수들과의 공감대 형성에 많은 노력을 기울였다. 먼저 장관실 내에 전국의 시장·군수와 직접 대화할 수 있는 화상전화 시스템을 구축했다.

그와 동시에 추진한 것이 농정 워크숍이었다. 장관과 시장·군수가 한자리에 모여 허심탄회하게 농업정책을 논의함으로써 공감대를 넓혀가자는 취지에서였다.

'나눠 먹기' 정책은 이제 그만!

"예전처럼 전국의 시·군에 일률적으로 지원하는 나눠 먹기 식 정책은 추진하지 않겠습니다. 수요자 중심, 현장 중심의 농정을 추진하겠습니다. 과거의 농정이 정책을 만들어 나누어주는 방식이었다면 이제부터는 시·군의 여건과 수용능력에 따라 정책을 수립하고 예산을 집행하겠습니다. 준비되고 여건이 조성된 시·군에 한해 지원하겠다는 뜻입니다. 1개 군이 준비되면 1개 군에만 시행하고, 2개 군이 준비되면 2개 군만 지원하겠습니다. 준비된 시·군이 없으면 아무리 좋은 정책이라도 집행을 포기하겠습니다."

나는 먼저 정책 추진 방향에 대한 의지를 밝혔다. 지역 여건에 대한 고려 없이 일률적으로 나누어주는 중앙정부 중심의 정책은 더 이상 추진하지 않겠다는 의지를 분명히 한 것이었다.

시장·군수들도 이러한 정책에 이의를 제기하지 않았다. 그들 또한 농업 현장에서, 잘못된 정책으로 인한 폐해를 몸소 경험했을 것이었다.

나는 그와 같은 대전제 하에 시·군 단위 유통회사, 농어촌뉴타운 등 새 정부에서 추진할 핵심 정책을 설명했다. 아울러 이들 정책은 시장·군수의 동참 없이는 성공할 수 없다는 점을 강조했다. 시장·군수가 의지를 갖고 추진하는 경우에 한해 지원하겠다는 부연 설명도 곁들였다.

시장·군수와의 심야 토론

특강에 이어 본격적인 토론이 진행되었다. 나는 국장급 이상의 간부직원들을 모두 참여시켰다. 장관인 나를 포함한 농식품부 간부직원들과 전국의 시장·군수들이 가슴을 열고 농업을 살리기 위한 방안 마련에 머리를 맞댄 것이었다.

시간이 지날수록 분위기가 무르익었다. 시장·군수들은 묻고 싶은 것을 거리낌 없이 물었고, 간부직원들은 성의를 다해 답했다. 내용에 따라 묻고 답하는 역할이 바뀌기도 했다.

윗옷을 벗고 넥타이도 풀었다. 나 또한 한 사람의 토론자가 되어 격의 없이 묻고 답했다.

토론회는 밤늦게까지 이어졌다. 식당으로 자리를 옮겨 저녁을 먹으면서도 계속되었다.

"장관님께서 이렇게 끝까지 남아 계실 줄은 몰랐습니다. 사실 이런 워크숍을 하면 장관은 시간 맞춰 나타나 축사 한마디 하고 가는 것이 지금까지의 관례였습니다. 결국 우리끼리의 워크숍일 뿐이었지요. 그런데 오늘 장관님 이하 간부직원들을 보면서 정말 많이 달라졌구나 하는 것을 느꼈습니다."

밤이 깊어지자 대화의 주제가 조금씩 달라졌다. 농업정책에 대한 이야기에서 신뢰와 불신의 문제로 옮겨갔고, 그러는 사이 서로간의 신뢰를 회복하는 분위기가 무르익어갔다.

농정 워크숍은 전국의 125개 농어촌 시·군을 대상으로 세 차례에 걸쳐 진행되었고, 그 결과 모든 지자체가 참여하여 진솔하고 실질적인 토론을 전개하였다.

이처럼 시장·군수 농정 워크숍은 농정 추진의 획기적인 전환점이 되었고, 중앙정부에 대한 지자체의 불신을 해소하고 신뢰를 회복하는 분수령이 되었다.

담배가 선물한 하늘공원

나는 농업 CEO 출신이다. 일부 언론은 나를 일컬어 농업에서 신화를 창조한 CEO라고 표현하기도 했지만 누군가 내가 무(無)에서 유(有)를 창조한 요인을 묻는다면 나는 첫 번째 요인으로 솔선수범을 꼽을 것이다.

장관은 CEO 못지않게 여러 면에서 솔선수범해야 한다. 그래서 취임 첫날 나는 비서관에게 말했다.

"장관이 모든 일에 솔선수범을 보여야 직원들이 신뢰할 것입니다. 장관직을 수행하는 데 있어 법과 질서를 지키는 것은 기본 중의 기본 아닙니까. 혹시 제가 규정을 제대로 파악하지 못해 어긋나는 행동을 하면 기탄없이 지적해 주십시오. 지키도록 노력하겠습니다."

비서관은 잠시 생각에 잠겼다. 말을 할까 말까 망설이는 듯했다. 잠시 후 짧은 침묵을 깨고 조심스럽게 입을 열었다.

"청사는 금연 건물입니다. 내부에서는 담배를 피울 수 없습니다."

미처 예기치 못한 말이었다. 나는 내가 잘 모르는 법이나 규정이 있어 어길 경우 알려달라는 의미였는데 비서관은 청사 내에서 담배를 피우지 말 것을 요구했다.

생각해 보니 비서관의 지적은 '작은' 것이 아니었다. '생각지도 않은' 비서관의 말에 앞으로 청사 내에서 금연할 생각을 하니 걱정이 앞섰다.

그렇다고 한번 꺼낸 이야기를 주워담을 수도 없었다.

"알겠습니다. 앞으로 집무실에서는 담배를 피우지 않겠습니다."

그 후로 나는 청사 내에서는 담배를 피우지 않았다.

그러나 촛불정국이 전개되면서 담배를 찾지 않을 수 없었다. 나는 담배 한 개비를 꺼내 손가락 사이에 끼웠다. 라이터에 몇 번이나 손이 갔다. 그러나 집무실에서 피울 수는 없었다. 비서관과 한 약속을 어길 수는 없었다. 그렇다고 복도에서 피울 수도 없었다. 건물 밖의 흡연구역으로 나가 피우자니 그곳에서 담배를 피우고 있을 직원들이 불편해할 것 같았다.

비서관에게 바람을 좀 쐬겠다고 이야기하고 나는 결국 청사 옥상으로 올라갔다. 옥상은 특별한 시설물 없이 텅 빈 공간이었다. 가장자리로 다가가자 관악산이 눈앞에 펼쳐졌다.

담배에 불을 붙여 한 모금 빨아들인 다음 길게 내뿜었다. 녹음이 드리워진 관악산을 바라보고 있노라니 피곤에 찌든 심신에 여유가 찾아왔다. 그날 이후 나는 종종 옥상을 찾았다.

2008년 5월 5일 어린이날. 휴일이었지만 촛불정국이 계속되면서 내게는 휴일과 평일의 구분이 없었다.

그날도 집무실에서 업무를 보다가 담배를 피우기 위해 옥상으로 올라갔다. 때마침 시원한 산바람이 불어와 답답한 가슴을 씻어주었다.

순간, 업무에 지친 직원들의 얼굴이 떠올랐다. 이 넓은 옥상에 직원들을 위한 휴식공간을 만들면 좋겠다는 생각이 떠올랐다.

'이곳에 공원을 만들면 관악산과 한데 어울려 훌륭한 휴식공간이 될 텐데. 직원들이 사무실 안에서 씨름하다가 이곳에 올라와 관악산을 바라보며 정책 구상을 하면 좋겠군. 사안에 따라 열린 마음으로 회의를 해도 좋겠고…'

민원인들과 사무실에서 이야기를 하다 보면 주위에 피해도 주게 되고 좁은 공간이 불편하기도 할 것이었다. 더구나 여름철이 되면 꼭대기 층은 다른 층에 비해 훨씬 무더울 것이었다. 옥상에 공원을 만들면 그 문제 또한 자연스럽게 해결될 것이었다. 냉방에 필요한 에너지를 절약할 수 있으니 일석 몇 조의 효과를 얻을 수 있었다.

나는 운영지원과장을 불러 내 생각을 전하고 구체적인 검토를 지시했다. 다음날 그는 세 가지 이유를 들어 추진이 어렵다고 보고해

왔다.

"첫째, 청사 관리는 행정안전부 소관입니다. 우리 마음대로 할 수가 없습니다. 둘째, 옥상에 흙을 쌓으려면 역학조사를 해야 합니다. 셋째, 예산은 1년 전에 결정됩니다. 지금 그 일을 할 수 있는 예산이 없습니다."

그날 밤 나는 많은 고민을 했다. '할 수 없는 일'을 할 수 있도록 만드는 방법이 무엇일까. 농업 현장에 있으면서 남들이 다 안 된다고 하는 일도 된다고 믿고 해결 방안을 모색하면 꼭 길이 열리는 경험을 해보지 않았던가.

해보지도 않고 포기할 수는 없는 일이었다. 그것은 농식품부 직원 모두를 위한 일이었다.

다음 날 운영지원과장을 다시 불렀다.

"행정안전부에는 내가 직접 협조를 구하겠습니다. 흙은 일반 흙 대신 가벼운 대용토를 쓰면 역학조사를 하지 않아도 되니 그 방향으로 검토해 보세요. 그리고 우리 부처는 1년 예산이 15조 원에 달합니다. 쓸 수 있는 예산을 다시 한 번 찾아보십시오."

행정안전부는 나의 협조 요청을 수용해 주었다. 예산에 책정되지 않은 비용이 문제였는데, 우리 부처 직원들의 10퍼센트 비용 줄이기 운동으로 확보한 예산을 활용하기로 했다.

공원 이름은 직원들을 대상으로 공모했다. 결국 '하늘공원'으로 결정되었다. 두 달여의 공사를 거쳐 하늘공원이 점차 모습을 갖추어 가고 있었다. 참모들은 내가 조성한 공원이니 내 퇴임 전에 준공식을 하겠다고 열심이었다. 그러나 장마철이라 진척이 늦어 안절부절못하였다. 나는 운영지원과장을 불렀다.

"준공식이 허가받을 사안입니까?"

"아닙니다. 허가받을 사안은 아닙니다."

"그러면 잘되었습니다. 장관 나무 하나 먼저 심고 표지석 하나 만들면 되지 않겠습니까?"

"예 알겠습니다."

그렇게 해서 퇴임 하루 전인 2008년 8월 5일, 조촐한 준공식이 열렸다. '농어업의 밀물시대를 여는 하늘공원' 이라는 표지석을 세웠다.

정부종합청사 내 '첫' 옥상공원은 그렇게 해서 만들어졌다. 담배가 직원들에게 선물한 공원이었다.

의식이 바뀌면
세상이 바뀐다

해남에서 키위 재배를 시작했을 때의 일이다. 그때 나는 비닐하우스에서 연로하신 어머니와 함께 생활하면서 키위 재배와 묘목 공급을 병행하고 있었다.

하루는 나이 지긋한 노인 한 분이 하우스로 찾아왔다. 나를 보자마자 그분은 거두절미하고 핏대를 세우며 언성을 높였다. 내가 공급한 키위 묘목이 다 고사했다는 것이었다. 나는 내가 공급한 다른 농가들은 잘 재배하고 있으니 고사 원인이 다른 문제에서 발생했을 수도 있다고 설명했지만 막무가내였다.

마침내 그분이 "사기꾼 아니냐"고 몰아붙이자 나도 더 이상 참지 못하고 목소리를 높였다. '나이 드신 어른이니 참아야 한다'고 되뇌며 마음을 가라앉히려 했지만 '사기꾼'이라는 소리에 폭발하고 만 것이었다.

그 일이 있고 며칠 후 동네에 이상한 소문이 돌았다. 그 노인이 나를 못된 놈이라면서 후레자식 취급한다는 것이었다. 잘하고 못하고를 떠나 어른에게 대든 패륜아라는 것이었다. 그때 나는 '아차, 내가 큰 실수를 저질렀구나' 하고 깨달았다. 아무리 화가 나도 어른은 어른이었다. 나를 사기꾼 취급했다고 하더라도 어른의 화가 누그러진 다음에 내 입장을 설명했어도 충분할 것이었다. 좀 더 인내하지 못한 것이 내 불찰이었다.

그분이 나를 찾아온 목적은 문제 해결 방법을 논의하기 위함이었다. 방문 목적을 말하기 전에 먼저 화가 난 속마음을 털어놓았을 뿐인데, 나는 그 순간을 참지 못하고 화를 화로 맞받아친 것이었다.

그 결과는 '정운천은 버릇없는 놈'이라는 소문이 되어 돌아왔다. 그때 나는 생각했다. 다시는 그 누가 나에게 화를 내더라도 기다려야 한다고. 상대방이 내게 화를 낼 때는 분명 그럴 만한 이유가 있을 것이므로 먼저 이야기를 들어주는 것이 순서라고.

그로부터 3년쯤 지났을까. 비슷한 상황이 또 벌어졌다. 또 다른 노인 한 분이 찾아와 "내 농사 다 망치는 놈이 무슨 농촌 운동가냐"면서 고래고래 고함을 질렀다. 나는 묵묵히 듣기만 했다.

노인은 30여 분 동안 쉬지 않고 소리쳤다. 스스로 분을 참지 못해 부르르 떨기도 했다. 얼굴이 벌겋게 달아오를 만큼 화를 내는데도 나는 조용히 듣기만 했다.

한참이 지나자 노인이 제풀에 지쳤는지 내 얼굴을 빤히 쳐다보았다. 그제야 나는 정중하게 말씀드렸다.

"어르신께서 얼마나 마음이 아프시면 이렇게 찾아오셨겠습니까. 제가 잘못한 점이 있으면 고치겠습니다. 도와드릴 게 있으면 돕겠습니다."

난 그저 듣기만 했을 뿐…

나는 내가 잘못한 것이 없노라고 변명하거나 서로의 잘잘못을 따지지 않고 노인의 분노를 받아주는 방식을 택했다. 그러자 나를 보는 사람들의 눈이 달라졌다.

"그 사람, 큰 인물이야. 내가 그렇게 난리를 쳤는데도 화 한 번 안 내고 다 받아주더라고…"

그 이후 다른 농민을 통해 그런 이야기를 들었다. 그 노인이 "젊은 이가 농촌에 내려와 고생이 많다"고 하면서 칭찬을 아끼지 않더라는 것이었다.

나는 그때 화가 난 사람은 분명 이유가 있게 마련이고, 그 화를 해결하는 최상의 방법은 상대방의 '화'를 그냥 들어주는 것임을 깨달았다. 그 일 이후 나는 '어떤 일이 있어도 화를 내지 말고 기다리자'는 것을 인생의 좌우명으로 삼았다.

나는 이를 결혼 생활에도 그대로 적용했다. 아내가 내게 화를 내면 가만히 들어주었다. 한 사람이 화를 내고 다른 사람은 듣기만 할 경우 싸움으로 번질 확률은 낮다. 손바닥도 마주쳐야 소리가 나는 법이니까.

아내 또한 내가 화를 낼 때 가만히 듣기만 한다. 결혼할 때 정한 약속이었다. 한 사람이 화를 내면 그것을 묵묵히 들어주기만 하자고.

의식혁명이 세상을 바꾼다

장관으로 취임한 이후 나는 '의식수준 1등 부처'를 기치로 내걸었다. 농식품부 공직자들의 의식수준을 향상시켜 농업인들과 국민에게 봉사하는 1등 부처를 만들겠다는 다짐이었다.

인간 정신의 전문가이자 명상가로 널리 알려진 데이비드 홉킨스 박사의 『의식혁명』이라는 책이 있다. 30여 년간 인간 정신의 진화를 연구한 그는 이 책을 통해 인간의 의식을 수준별로 지수화했고, 이 지수를 높여갈 때 삶의 질이 향상된다고 역설했다.

그에 따르면 인간의 의식은 수준에 따라 지수 20에서 1000까지 다양하게 분포한다. 지수 100 이하의 의식은 수치심(20), 무기력(50), 두려움(100) 등에 얽매여 있다. 이를 벗어나면 욕망(125), 분노(150), 자존심(175)을 거쳐 용기(200)에 이른다. 많은 사람들이 자존심 단계에 머물러 산다.

홉킨스 박사는 지수 200인 용기를 긍정적 인간과 부정적 인간을 구분하는 기준점으로 제시했다. 용기의 수준에 이르면 다른 사람의 안녕이 중요하게 느껴지고, 용기(200)를 넘어서면 중용(250), 자발성(310), 포용(350) 단계를 거쳐 이성(400) 단계에 다다른다.

창조적 의식으로 성공한 CEO들은 자발성 수준(310)에 도달한 경우가 많다고 한다.

지수 500의 사랑에 도달하면 개인의 차원을 넘어 다른 사람의 행복까지 고려하게 되고, 그것이 사람을 움직이는 필수적 요소로 자리 잡게 된다.

지수 600인 평화의 경지에 이르면 인간의 선과 깨달음의 추구가 삶의 기본 목표가 되고, 700~1000 즉 깨달음에 도달하면 모든 인간의 구원을 위한 삶을 살게 된다. 예수와 부처, 공자의 삶이 여기에 속한다.

그는 이와 같이 의식수준의 단계를 구체적으로 제시하면서 끊임없는 수련을 통해 지수의 단계를 높여갈 때 기쁨과 행복이 충만한 삶을 누릴 수 있다고 강조했다.

나는 이 『의식혁명』 책을 구입해 과장급 이상 간부직원들에게 선물했다. 굳어진 틀에서 벗어나 스스로의 자각을 통해 의식 함양의 전기를 마련했으면 하는 바람에서 서한까지 동봉했다.

인생에서 일어나는

갖가지 사건이

우리에게 어떤 영향을 미칠지를 결정하는 것은

사건 그 자체가 아닙니다.

사건에 대해 응답하는 능력입니다.

우리가 어떤 의식을 갖고 대응하느냐에 따라

나타나는 결과는 천차만별일 것입니다.

똑같은 어려움이 닥쳤을 때

절망하고 주저앉는 사람이 있는 반면

새로운 기회로 활용하는 사람이 있는 것도

그 때문입니다.

이 책을 쓴 데이비드 홉킨스 박사는

인간의 의식이야말로

우주를 변화시키는 무한한 잠재력이라고 했습니다.

이 책을 통해

내 안에 있는 잠재력을 발견하고 활용해

보다 높은 수준의 삶을 누리시기 바랍니다.

2008년 4월 25일

정운천 드림

의식수준 향상의 첫 번째 덕목으로 나는 '경청'을 강조했다. 정부
정책에 불평불만이 많은 농업인들에게 변명하지 말고 그들의 이야기
를 잘 들어주는 것이 무엇보다 중요하다는 생각에서였다.

경청. 쉬워 보이지만 실천에 옮기는 것은 결코 쉬운 일이 아니다. 의식수준 향상을 통해 의식개혁이 이루어져야만 국민이 진정한 주인이라는 의식이 확고해져 '경청'이 몸에 익은 행동이 될 것이다.

'소비자가 왕이다'라는 말은 곧 소비자가 우리의 주인이니 그들의 말에 귀를 기울이고 경청하자는 뜻이다. 기업은 고객의 목소리에 언제나 귀를 기울인다.

'공무원' 하면 '복지부동'이라는 단어와 함께 '경직'이라는 말이 우선 떠오른다. 아직도 국민을 진정한 주인으로 여기지 않기 때문에 얻게 된 불명예스런 별칭이다.

나는 농식품부가 1등 부처가 되기 위해서는 주인의 이야기를 끊임없이 '경청'해야 한다고 강조했다.

3

나는 촛불에서
희망을 보았다

수십만의 국민들이 치켜든 농식품에 대한 애정.
그것은 우리 농식품산업에 더할 수 없는 힘이요, 에너지였다.
이 뜨거운 에너지를 제대로 활용한다면
우리 농식품산업을 최고로 만들 수도 있을 것이었다.

뜨거운 감자, 쇠고기

2007년 3월 20일, 농어업정책 분야와 관련된 대통령 업무보고가 양재동 aT센터에서 열렸다. 나는 농업계 대표 자격으로 이 자리에 참석했다.

한미 FTA 협상이 막바지로 치닫던 시점이었다. 협상을 반대하는 단체들의 시위가 계속되었고, 농업계 대표들의 발언은 너나 할 것 없이 FTA에 집중되었다. 협상이 타결될 경우 농업 분야가 받게 될 피해에 대한 우려와 함께 정부의 광범위한 정책 지원을 촉구하는 내용이었다.

내 발표 차례가 되었다.

"3년 전 한·칠레 FTA가 타결되어 칠레산 키위가 수입되었을 때 많은 전문가가 국산 키위는 망할 것이라고 했습니다. 하지만 3년이 지난 지금 참다래라는 우리 이름을 붙인 키위의 조합원이 600여 농가로 늘어났고, 매출액도 485억 원으로 두 배 이상 증가했습니다."

당시 한국농업CEO연합회 회장을 맡고 있던 나는 전국에는 성공한 농업 CEO들이 많이 있으며, 그들은 모두 농업을 1차 산업에 국한시키지 않았기 때문에 성공할 수 있었다는 말을 덧붙였다.

"이제 농업은 생산에만 머물러 있지 않고 저장 · 유통 · 가공 · 수출 · IT · BT 산업으로 범위가 확대되고 있습니다. 이러한 환경 변화에 맞춰 농업을 발전시키기 위해서는 범정부적 접근이 필요합니다. 농림부장관만으로는 안 됩니다. 대통령 이하 각 부처 장관이 인식을 바꿔 농업을 진정한 산업으로 인정하는 정책을 추진해야 합니다."

나는 향후 우리 농업은 FTA와 관계없이 자생력과 경쟁력을 키워야 한다는 점을 강조했다. 농업도 시장에서 경쟁해 돈을 벌 수 있는 산업으로 육성하는 한편, 경쟁에서 제외되는 농가는 사회보장정책으로 지원해야 한다고 주장했다. 수입개방으로 죽어가던 키위를 살려내고 천덕꾸러기 고구마를 '돈 되는' 고구마로 개발한 경험과 그 과정에서 터득한 교훈에서 우러나온 진언이었다.

당시 집권 후반기에 들어선 노무현 대통령은 농업에 대해 새로운 시각에서 고민하는 것 같았다. 노 대통령은 마무리 발언을 통해 "농업 또한 시장경제 원리의 지배를 받을 수밖에 없다"고 강조했다.

농업도 다른 산업과 마찬가지로 시장 안에서 해결하는 것이 냉정한 현실임을 받아들여야 한다는 것이었다. 그런 측면에서 "농업도 다른 산업과 근본적으로 다를 바 없다"는 말을 덧붙였다.

그날 업무보고 중 최대의 관심사는 한미 FTA였다.

"제가 지금 FTA를 하자고 하는 것은 그야말로 특단의 의지입니다. FTA 때문에 제 정치적 입장이 얼마나 난감해지겠습니까? 제게는 아무런 이득이 없습니다. 정치적 손해를 무릅쓰고 결정한 것입니다."

노 대통령은 이어 미국에서 전제조건으로 요구하고 있는 쇠고기 개방 문제에 대해서도 자신의 입장을 분명히 밝혔다.

"지금 한국에서 농민운동 하는 분들이 쇠고기 개방을 절대 반대하는데, FTA 접어버리면 미국에서 쇠고기 개방 요구 안 할 것 같습니까? 이미 우리는 호주 쇠고기를 들여오고 있습니다. 그러니 광우병 위험이 없다고 국제기구에서 인정하면 FTA 하거나 안 하거나 쇠고기 수입 문제는 걸립니다."

한발 더 나아가 노 대통령은 쇠고기 개방 반대 투쟁을 전개하고 있는 진보 성향의 정치인들에게도 일침을 가했다.

"그 사람들은 모든 것을 무시한 채 '딱 한마디로 FTA 하면 광우병 소 들어온다'고 말합니다. 그래서 플래카드 걸고 투쟁하는 거라면 정직하지 않습니다. 이 나라의 진보적 정치인들이 정직하지 않은 투쟁을 하는 것입니다."

노무현 대통령은 국익을 위해 자신의 정치적 손해까지 감수하며 FTA를 추진하고 있었다. 자신을 믿고 지지해 준 지지층의 반대를 비판하면서 옳다고 믿는 바를 역설하고 있었다.

열흘 뒤 노무현 대통령은 FTA 타결을 위해 직접 나섰다. 쇠고기 문제의 해결 없이 한미 FTA 협상을 타결할 수 없다고 미국 정부가 버티자 노 대통령은 부시 대통령에게 직접 전화를 걸었다. 미국이 국제기구의 승인을 받으면 미국의 요구대로 국제수역사무국(OIE) 기준을 존중해 쇠고기 문제를 해결하겠다고 약속한 것이다.

그에 힘입어 한미 FTA는 고비를 넘기고, 4월 2일 마침내 타결되었다. 노 대통령은 이날 발표한 대국민 담화를 통해 이 내용을 비교적 자세히 설명했다.

"저는 부시 대통령과의 전화로, 한국은 성실히 협상에 임할 것이라는 점, 협상에 있어서 OIE의 권고를 존중하여 합리적인 수준으로 개방하겠다는 의향을 가지고 있다는 점, 그리고 합의에 따르는 절차를 합리적인 기간 안에 마무리할 것이라는 점을 약속으로 확인해 주었습니다.

우리 정부는 이 약속을 지킬 것입니다. 이 약속을 성실하게 이행하면, 쇠고기 수입이 가능한 시기를 추정할 수는 있을 것입니다."

그러나 한미 양국 대통령이 협의하고 내각에서 시한을 정한 쇠고기 협상은 아쉽게도 참여정권에서 마무리되지 못했다.

외나무다리

미국산 쇠고기 수입위생조건에 관한 협의, 일명 '쇠고기 협상'은 새 정부가 출범하기 전부터 뜨거운 감자였다. 지난 정부에서 시작한 협상은 1년여 동안 진행되었지만 대선과 총선 등의 정치상황과 맞물려 타결되지 못했고, 결국 새 정부의 몫이 되었다.

취임과 동시에 쇠고기 협상 주무부처 장관이 된 나는 서둘러 현황 파악에 나섰다. 1년여 전부터 진행된 쇠고기 협상 전반에 관해 통상교섭본부장의 설명을 듣고 잇따라 민동석 차관보를 비롯한 협상 관계자들의 보고를 받았다. 전문가들을 만나 광우병에 대한 의견도 들었다.

2003년 12월 미국에서 광우병이 발생하자 우리 정부는 미국산 쇠고기 수입을 전면 중단했다. 1980년대 중반 유럽을 휩쓸었던 광우병에 대한 공포가 남아 있는 상황에서 당연한 조치였다.

2005년 5월 OIE는 30개월 미만 쇠고기의 살코기에 대한 교역 자유화 규약을 채택했다. 오랜 연구 끝에 뼈를 제거한 30개월 미만의 살코기는 광우병으로부터 안전하다고 결론을 내렸던 것이다(이하 2005년 기준).

이를 근거로 한미 양국은 쇠고기 협상을 진행, 2006년 9월부터 30개월 미만의 뼈 없는 살코기에 대해 수입을 재개했다. 2003년 12월 미국에서 광우병이 발생하여 수입이 중단됐다가, 미국에 적용되는 'OIE 규약'이 변경되어 수입을 재개한 것이다.

그러나 2007년 5월, 미국이 OIE가 요구하는 엄격한 기준을 충족시켜 광우병 위험 통제국 지위를 획득하면서 수입위생조건이 크게 달라졌다. OIE는 광우병 위험 통제국이 되면 소의 연령에 제한을 두지 않고 특정위험물질(SRM)을 제외한 모든 부위를 교역할 수 있다고 인정했다(이하 2007년 기준).

미국 입장에서는 당연히 2005년 기준이 아닌 자국의 이익에 도움이 되는 2007년 기준으로 수입위생조건을 개정하자고 요구했다. 우리 정부는 이에 응할 수밖에 없었다.

더구나 우리나라는 한미 FTA라는 약점이 있었다. 미국은 광우병 위험 통제국 지위 획득을 앞둔 2007년 3월부터 쇠고기 협상 문제의 해결 없이 한미 FTA 타결은 있을 수 없다며 우리 정부를 압박했다.

결국 노무현 대통령이 직접 미국의 부시 대통령에게 전화를 걸어 쇠고기 문제 해결을 약속함으로써 FTA협상이 타결되었다.

그로부터 두 달이 채 안 된 5월 25일, 미국은 예상대로 OIE로부터 광우병 위험 통제국 지위를 획득했고, 5월 28일 권오규 경제부총리는 박홍수 농림부장관과 함께 기자회견을 열어 정부의 공식입장을 표명했다. 약속한 대로 OIE 권고를 존중해 협상할 것이며 합리적인 기간 안에 모든 절차를 마무리하겠다고 하면서 9월까지 마무리할 수 있을 것이라고 구체적인 시점까지 언급했다.

이후 한미 양국은 공식, 비공식 경로를 통해 양국 입장을 조율해 나갔다. 아시아태평양경제협력(APEC) 회의 때 열린 한미 통상장관회담(2007년 9월 4일)과 정상회담(2007년 9월 7일), 1차 미국산 쇠고기 수입위생조건 기술협의(2007년 10월 11일부터 12일까지) 등을 통해 양국은 OIE 기준에 따른 수입위생조건 개정 문제를 구체적으로 협의했다.

2007년 11월 17일, 한덕수 총리는 관계장관 회의를 열어 미국이 강화된 사료금지조치를 '이행'하면 OIE 기준을 완전 준수하겠다고 정부 입장을 정리했다.

같은 해 12월 17일에는 권오규 경제부총리가 경제장관회의를 갖고 미국이 강화된 사료금지조치를 '공표'만 해도 OIE 기준을 완전 준수하는 것으로 인정한다고 우리 측 입장을 재정리했다.

운신의 폭 좁았던 어려운 협상

강화된 사료금지조치라는 조건을 달기는 했지만 'OIE 기준 완전 준수'라는 입장은 이때 이미 만들어진 것이었다.

그러나 참여정부는 대선에서 패하자 기존의 입장에서 크게 후퇴했다. 정권 교체 전에 한미 FTA 비준과 쇠고기 문제를 매듭짓겠다던 약속은 뒤로 미루어졌다. 결국 쇠고기 문제는 새 정부의 손으로 넘겨졌다.

미국 정부는 선거 직후 협상을 재개하자고 요청해 왔다. 우리 정부 입장에서는 더 이상 미룰 수 없는 상황이었다.

하지만 협상을 둘러싼 전반적인 상황은 우리에게 불리했다. 지난 정부가 협상의 큰 틀을 모두 결정해 놓아 운신의 폭이 좁았기 때문이다. 우리 정부가 완전 준수하기로 미국에 약속한 OIE 기준으로 보면 특정위험물질(SRM)만 제거하면 미국 쇠고기를 수입할 때 연령과 부위에 제한을 둘 수 없었다. 30개월 이상 소의 고기도 수입을 허용해야 하고 미국에서 광우병이 추가로 발생해도 수입을 중단할 수 없게 되었다.

미국 측의 요구에 따라 수입위생조건을 개정하기로 한 협상이었으므로 다 우리 측으로서는 선택의 여지 또한 없었다. 협상을 결렬시키기도 쉽지 않았다. 쇠고기 협상은 막다른 골목이었고 외나무다리였다. 헤치고 나갈 수밖에 없었다.

나는 두 가지 책임감을 느꼈다. 첫째는 농식품부장관으로서 식품 안전을 지키고 축산농가의 피해를 최소화하는 방향으로 협상을 이끌어내야 했다. 둘째는 국익에 부합하는 협상을 이끌어내야 했다. 난제 중의 난제였다.

2008년 4월 1일 오후 2시, 이명박 대통령 주재로 관계장관 대책회의가 열렸다. 쇠고기 협상에 임하는 정부의 입장을 최종적으로 점검하는 자리였다.

큰 틀과 협상 방향은 이미 정해져 있었다. 미국의 조치에 따라 단계별로 OIE 기준을 수용하겠다는 것이 우리 정부의 일관된 입장이었다. 1단계로 30개월 미만 쇠고기에 한해 OIE 기준을 수용하고, 2단계로 미국이 강화된 사료금지조치를 취하면 30개월 이상의 뼈 있는 쇠고기까지 수입을 허용한다는 것이었다.

이 경우 광우병의 위험성은 무시해도 될 정도라는 것이 전문가들의 의견이었고 정부의 판단이었다. 이날 회의에서 협상의 연속성을 고려해 이와 같은 단계별 접근을 정부의 공식입장으로 재확인했다.

나는 FTA 비준에 먼저 동의하고 쇠고기 협상은 그 후에 하는 것이 좋겠다는 의견을 밝혔다. 하지만 이미 정부가 약속한 것을 미룰 수 있는 명분이 더 이상 없었다. 회의에서는 축산대책과 원산지표시 대책이 주로 논의되었다. 이후 나는 2007년부터 협상을 진행한 민동석 차관보를 수석대표로 임명하고, 이전부터 협상을 진행해 온 직원들도 유임시켰다. 협상의 연속성과 전문성을 고려한 결정이었다. 그리고 쇠고기 협상의 가이드라인을 정하고 전권을 부여했다.

한편으로 축산농가의 피해대책을 마련하는 데 총력을 기울였다.

특히 이번 기회를 통해 축산업계 전체의 숙원인 '원산지표시제' 전면 시행을 반드시 해결해야겠다고 생각했다. 전국의 모든 음식점에서 원산지를 표시하도록 하는 것이다.

수입산 쇠고기를 국내산으로 둔갑시켜 판매하는 것을 막는다면 미국산 쇠고기가 들어와도 '싸워볼 만하다'는 것이 축산업계의 의견이었다.

원산지표시제를 전면 시행해야 한다는 나의 강력한 제안에 대통령도 공감했다. 그러나 그것이 곧 정책 시행을 의미하는 것은 아니었다. 준비하고 해결해야 할 현실적인 문제가 한둘이 아니었다.

하얀 손수건

2008년 4월 16일, 민동석 수석대표의 보고를 받았다.

"협상에 진전이 없습니다."

나는 민 대표에게 말했다.

"강화된 사료금지조치는 반드시 관철시켜야 합니다. 월령 표시, 작업장 승인 등 핵심 쟁점에서도 식품안전상 문제가 없다는 점을 국민들에게 설명할 수 있을 정도는 받아내야 합니다. 그것이 안 되면 협상을 결렬시켜도 좋습니다. 모든 책임은 내가 질 테니 꼭 받아내십시오."

민동석 대표는 보고에서 "양국 대표단이 머리를 맞대고 5일 동안 협상에 임했지만 불신의 골이 깊다는 것을 확인했을 뿐 협상은 한 치도 앞으로 나아가지 못했습니다"라고 했다. 이어 "미국 측이 과거에 합의된 '강화된 사료금지조치'조차 업계의 반발로 시행할 수 없다"면서 OIE 기준의 완전 준수만을 고집하고 있다고 덧붙였다.

나 또한 선택의 여지가 없었다. OIE 기준을 따를 수밖에 없다고 하더라도 국민정서를 고려하지 않을 수 없었다.

나는 주머니에서 하얀 손수건을 꺼냈다. 그리고 민동석 대표 앞에서 손수건을 흔들었다.

"미국 대표에게 정운천 장관이 사표 낼 각오를 하고 협상에 임하고 있다고 전하세요."

내가 하얀 손수건을 흔든 것은 자리에 연연하지 않겠다는 의지였다.

그날 저녁 민동석 대표는 양측 대표단 전체회의를 소집했다. 내가 선택할 수 있는 마지막 카드였다. 우리 정부는 "핵심 쟁점에 대하여 미국 측이 신축적인 입장을 보일 때까지 협상을 중단하겠다"고 일방적으로 선언했다. 예측대로 미국은 우리가 제시한 협상 조건 및 태도에 강한 불만을 쏟아냈고, 6일 동안 진행된 쇠고기 협상은 최대 고비를 맞았다.

험난한 협상

1차 협상이 시작된 것은 2008년 4월 11일. 그때만 해도 나는 합의에 쉽게 도달할 것으로 생각했다. 지난 정부 때부터 오랫동안 진행되어 온 협상인 데다 공식, 비공식 접촉을 통해 양국 간 입장이 어느 정도 조율된 상태였기 때문이다.

세부적이고 구체적인 사안에서 조금씩만 양보하면 순조롭게 마무리될 것으로 생각해 15일을 1차 협상 시한으로 정했다.

미국 측도 우리와 같은 생각이었다. 미국 무역대표부(USTR) 농업대사로 내정되어 있던 미국 측 수석대표 엘렌 텁스트라에 대한 인사청문회가 16일로 예정되어 있는 상황에서 협상을 진행한 것도 같은 맥락에서였다.

그러나 협상은 예상외로 난항에 난항을 거듭했다. 미국 측의 입장이 너무나 강경했기 때문이다.

미국은 기본적으로 우리 정부에 불신을 갖고 있었다. "엑스레이(X-ray) 이물검출기까지 동원해 손톱만한 뼛조각을 찾아내고 그것을 근거로 수입을 전면 금지한 조치는 세계 어디에도 없다"며 노골적으로 불만을 터뜨렸다.

그뿐만이 아니었다. "대통령이 약속한 것인데 정부가 바뀌었다고 약속을 지키지 않으면 그것이 주권국가냐"고 힐난하기도 했다. 미국 측은 이번 기회에 뼛조각 피해를 만회라도 하려는 듯 'OIE 기준 완전 준수'라는 자신들의 입장에서 한 발짝도 움직이지 않았다.

양보할 수 없기는 우리도 마찬가지였다. 1년 전만 해도 엑스레이 검출기로 뼛조각까지 찾아내 반송했는데, 이번에는 뼈 있는 쇠고기까지 수입하는 협상이었다.

협상은 시한을 넘겨 계속되었다. 텁스트라 대표는 뜻대로 협상이 진행되지 않자 격한 감정을 드러내기도 했다. 인사청문회 때문에 늦어도 4월 16일에는 떠나야 한다며 압박하기도 했다. 우리도 물러설 수 없었다.

민동석 대표는 미국 측 대표에게 "워싱턴에 연락해 인사청문회를 연기해라. 부득이 미국으로 가야 한다면 수석대표를 교체하고 가라"고 대응했다. 장관직 사표까지 들먹이자, 미국 측에서는 나를 '고집불통 터프가이(tough guy)'라고 불렀다.

결국 텁스트라 대표는 미국으로 돌아가지 않았고, 본국과 협의 후 한국에 남아 협상 테이블을 지켰다. 그는 쇠고기 협상으로 인해 차관급인 농업대사가 될 기회마저 놓쳤다. 어쨌든 양국은 입장 차이를 좁히지 못했고, 내 뜻을 전달받은 민 대표는 결국 쇠고기 협상 중단을 선언했다.

민 대표로부터 "쇠고기 협상을 중단한다고 선언했다"는 소식을 접한 후 나는 마음이 착잡했다. 협상이 우리 측 안대로 안 되면 결렬시켜도 좋다는 지침을 내렸고 사표를 낼 각오도 하고 있었다. 하지만 내가 바란 것은 물론 협상 결렬이 아니었다.

쇠고기 협상은 1년 넘게 끌어온 양국 간의 최대 현안이었다. 한미 FTA 비준 등을 앞두고 바닥까지 떨어진 양국 간의 신뢰를 회복하기 위해서는 반드시 넘어야 할 산이었다. 이번에 협상이 결렬되면 우리 정부에도 엄청난 부담이 될 수밖에 없었다.

그러나 미국의 요구를 그대로 수용할 수는 없었다. 강화된 사료금지조치 등에서 최소한의 양보는 받아내야 했다.

다음 날 아침 민 대표가 장관실로 들어섰다.

"저쪽에서 협상을 계속하자는 연락이 왔습니다."

민 대표의 목소리에 힘이 실려 있었다. 그 또한 협상 결렬에 대해 내심 걱정하고 있었을 것이다. 다행이었다. 그들 또한 빈손으로 돌아갈 수는 없는 모양이었다.

2008년 4월 17일 오후.

다시 시작된 협상은 늦은 밤까지 계속되었다. 조금이라도 더 얻어 내기 위해 서로 밀고 당기는 실랑이가 마지막 순간까지 계속되었다. 나는 수시로 쇠고기 협상 진행 상황을 전달받았다.

나는 그날 밤을 넘기고 새벽녘이 되어서야 발걸음을 집으로 향했다. 그때까지도 협상은 계속되었다. '오늘은 협상 타결이 어렵겠구나'라는 생각에 몸을 씻고 잠시 눈을 붙이려는 순간 휴대전화 벨이 울렸다. 민동석 대표였다.

"협상이 타결되었습니다. 최선을 다했습니다."

밤을 새워 실랑이를 벌인 탓인지 그의 목소리가 잠겨 있었다.

"강화된 동물사료금지조치의 공표 시점에 맞춰 2단계 조치를 취하기로 합의했습니다. 월령 표시와 작업장 승인권 문제도 일정 부분 우리 입장을 관철시켰습니다."

"수고하셨습니다."

시계를 보니 아침 5시 30분이었다.

공포의 드라마, 광우병

협상 타결 소식을 접하자 나는 만감이 교차했다.

협상 중단이라는 벼랑 끝 전술로 강화된 사료금지조치를 비롯해 월령 표시, 작업장 승인권 등 우리 입장을 일정 부분 관철시킨 것은 어렵게 얻어낸 성과였다.

다만 2단계 조치의 이행시기를 강화된 사료금지조치의 '공표' 시로 합의한 것에는 아쉬움이 남았다.

하지만 이러한 조치가 OIE에서 요구하는 기준은 아니었다. 지금까지의 사료금지조치로도 OIE 기준은 충족되고 있었다. OIE 기준 완전 수용의 조건으로 '강화된 사료금지조치'를 관철시킨 것은 진일보한 것이었다.

그러나 마음은 여전히 무거웠다. 처음부터 고양이 목에 방울을 다는 협상이었다. 협상에 최선을 다했고, 어느 정도 성과를 얻었다고 해도 그것은 어디까지나 정부의 입장이었다. 국민들의 기준은 달랐다.

2008년 4월 18일, 민동석 대표가 협상 결과를 발표했다. 예상대로 국민들은 실망스럽다는 반응을 보였다. 지난 정부와 달리 뼈 있는 쇠고기까지 수입하기로 한 것에 대해 일부 시민단체에서 노골적으로 불만을 제기했다.

그러나 협상 자체를 문제 삼지는 않았다. 특별히 광우병을 걱정하는 분위기도 아니었다. 지난 1년 사이에 달라진 정부의 입장 변화, 그것이 비난의 대상이었다.

시간이 흐르면서 그러한 분위기도 점차 수그러들었다. 미국이 광우병 위험 통제국 지위를 획득하면서 수입위생조건의 기준이 달라졌다는 정부의 설명을 받아들이는 분위기였다.

축산업계도 쇠고기 수입 재개를 어쩔 수 없는 현실로 받아들였던 만큼 정부의 후속대책 추진에 신경을 곤두세웠다.

사실 쇠고기 협상과 관련한 축산업계의 요구는 원산지표시제 전면 시행이었다. 협상을 앞둔 시점에서 이루어진 축산 단체장들과의 간담회에서도 원산지표시제 전면 시행을 요구했고, 나는 어떠한 일이 있어도 그렇게 하겠다고 약속했다.

협상이 타결된 직후 나는 후속대책 추진에 집중했다. 국경 검역을 강화하고 원산지표시제를 확대하는 내용의 축산물 안전관리대책과 축산업 발전대책을 발표하고 이를 추진하는 데 온 힘을 쏟았다.

생산단체와 소비자단체 대표 등과 함께 '원산지표시' 단속반 발대식을 갖고 가두행진까지 벌이며 수입산 쇠고기의 국내산 둔갑판매 근절 의지를 다졌다.

이러한 노력에 힘입어 농민단체들도 수입 재개를 현실로 인정하고 이를 극복해 나가는 방향으로 관심과 역량을 결집하고 있었다.

협상 타결 이후 그렇게 열하루가 지났다.

그러나 2008년 4월 29일, 거대한 폭발음이 울렸다. 이날 밤 MBC 시사 프로그램 'PD수첩'이 방영되었다.

공포의 드라마

지저분한 도축장에서 한 남자가 쓰러진 소를 전기 충격기로 찌르고 있었다. 물대포를 쏘기도 했다. 비틀거리며 일어서던 소는 이내 중심을 잃고 주저앉았다.

프로그램 제목이 〈미국산 쇠고기, 광우병으로부터 안전한가?〉였다.

누가 보더라도 광우병에 걸린 소로 비쳐지는 장면이었다. 음산한 음악까지 더해졌다. 몸에 소름이 돋을 정도였다.

화면이 바뀌었다. 장례식 장면이었다. 한 여성이 절규했다. 미국인 여학생의 죽음을 다루었다. 인간광우병이 원인일 수도 있다고 했다. 우리에게도 그런 충격이 올지 모른다는 설명이 곁들여졌다.

다시 화면이 바뀌자 진행자와 취재를 담당한 PD가 대화를 나누었다. 화면 배경에는 '광우병 쇠고기, 목숨 걸고 먹어야 합니까?'라는 현수막이 붙어 있었다.

그들은 "광우병 쇠고기는 끓이거나 익혀도 감염물질이 사라지지 않는다. 한국인의 유전자는 광우병에 걸릴 확률이 특히 높아 94퍼센트나 된다. 농식품부가 미국의 실정을 잘 모르거나 알면서도 숨기고 수입위생조건 개정에 합의했다"고 했다.

잠시 후 프로그램을 마무리 짓는 진행자의 클로징 멘트가 이어졌다.

"과거 친일 매국노처럼 오늘, 특히 국정을 책임지고 있는 사람들은 역사에 부끄러운 짓을 하고 있지 않은지 한번 생각해 봐야 할 것 같습니다."

나는 가슴이 철렁 내려앉았다. 방송을 보고 있자니 미국 소가 전부 광우병에 걸린 소처럼 느껴졌다. PD수첩은 쇠고기 협상에 관한 보도가 아니라 광우병에 초점을 맞춘 공포의 드라마였다.

진행자의 클로징 멘트도 섬뜩했다.

"친일 매국노… 역사에 부끄러운 짓…."

PD수첩을 보면 쇠고기 협상을 담당한 사람은 정신이 나간 사람이었다. 국민들을 광우병의 구렁텅이로 몰아넣고 나라를 팔아먹은 매국노라고 볼 수밖에 없었다. 협상대표자인 내 눈에도 그렇게 보이는데, 일반 국민들의 눈에는 오죽하겠는가?

방송이 끝나자마자 컴퓨터를 켰다. 아니나 다를까, 포털사이트마다 PD수첩에 관한 기사가 넘쳐났다. 시시각각으로 늘어나는 기사와 쉴 새 없이 불어나는 댓글들….

나는 정신을 가다듬었다. 축산국장에게 전화를 걸어 상황 파악과 함께 긴급회의 소집을 지시했다.

"동물성사료금지조치 이후에 태어난 소는 광우병 발생 사례가 없다, 2000년대 들어 미국에서 인간광우병은 한 건도 발생하지 않았다, 걱정하지 않아도 된다."

나는 광우병과 관련된 국민들의 불안심리 확산을 차단하는 데 전력을 쏟았다. 담화문과 언론 인터뷰, 신문광고, 기고, 방송토론, 언론과의 '끝장토론' 등 동원할 수 있는 방법은 다 동원했다.

불안은 계속 증폭되고

그러나 이미 때가 늦었다. 한번 불붙은 불안과 우려는 걷잡을 수 없이 번져나갔다. 일부 언론의 과장 보도와 모든 정보를 실시간으로 전파하는 인터넷의 위력은 잔불에 기름을 부은 격이었다. 우려가 또 다른 우려를 낳고, 불안이 또 다른 불안을 낳았다. 근거도 없는 괴소문까지 급속히 퍼져나갔다.

"라면 수프와 소뼈로 만든 알약 캡슐과 화장품, 생리대, 기저귀를 통해서도 광우병에 걸린다. 쇠고기의 살코기나 혈액, 소변 등에서도 변형 프리온이 발견되고 수혈을 통해서도 전파된다. 쇠고기를 조리할 때 사용한 칼과 도마, 심지어 수돗물을 통해서도 광우병이 감염될 수 있다. 미국은 20개월 미만 쇠고기를 먹고 광우병 위험이 큰 30개월 이상의 쇠고기는 한국에 수출한다."

발 없는 말은 단숨에 천릿길을 내달렸다.

나는 제대로 된 정보를 국민들에게 제공하고 광우병과 관련된 우려를 해소시키기 위해 백방으로 뛰었다. 전문가와 학자들을 찾아 언론 기고와 인터뷰에 나서줄 것을 요청했다.

그러나 선뜻 나서는 이가 없었다. 쇠고기 협상에 대해 조금이라도 우호적인 말을 했다가는 집단 뭇매를 맞을 것이 뻔했기 때문이다. 이 분야 전문가인 교수 몇 명에게 부탁했지만 대학 차원에서 방송 출연을 비롯한 언론 기고, 인터뷰 금지령이 내려졌다는 답변이 돌아왔다.

몇몇 사람이 나서서 광우병의 진실을 알리기 위해 애를 써주었다. 그러나 그 수는 턱없이 부족했고, 광풍에 휩쓸려 보이지도 들리지도 않았다.

2008년 5월.

조용한 아침의 나라 대한민국을 용광로처럼 들끓게 한 촛불정국은 그렇게 시작되었다.

촛불로 뒤덮인 대한민국

2008년 5월 4일로 기억된다.

비서관이 장관실로 걸려온 한 통의 전화 내용을 보고했다.

"미국 쇠고기가 들어오면 광우병 때문에 수돗물도 못 먹고 라면도 못 먹는대요. 생리대도 쓸 수가 없대요. 장관님, 이제 저는 어떻게 해야 하나요?"

수많은 항의전화가 걸려왔지만 어린 여학생의 전화라 비서관이 특별히 보고한 것이었다. 비서관은 "중학교 2학년에 재학 중이라는 여학생이 끝내 울음을 터뜨렸다"고 전했다.

나는 마음이 무거워졌다. 왜 이 아이가 이토록 불안에 떨어야 하는지, 누가 이 천진한 아이를 공포에 떨게 하는지 마음이 답답해졌다.

MBC PD수첩 방영 이후 일부 언론이 연일 광우병의 위험을 확대 재생산했고, 쇠고기 협상의 잘못을 성토했다.

객관적 사실에 기초하지 않은 보도도 있었다.

먼저 OIE 기준을 부정했다. 세계 광우병 전문가들이 모여 쇠고기 교역의 지침으로 만든 기준인데도, 쇠고기의 안전성을 담보할 수 없다는 것이었다.

새로운 기준이 정해진 2007년 이후 미국과 수입 협상을 진행한 5개국이 모두 이 기준에 의거해 협상을 타결했다. 세계 97개국은 동등성의 원칙에 입각해 특별한 제한 없이 수입하고 있었다.

국내 전문가들은 OIE 기준을 준수하면 안전성에 문제가 없다고 판단했다. 우리나라는 이와 관련해 참여정부 때부터 전문가 회의와 현지 조사 등 6단계의 과정을 거쳐 OIE 기준을 토대로 쇠고기 문제를 해결하겠다는 정부의 기본 입장을 확정해 두고 있었다.

또한 광우병은 구제역이나 조류독감(AI)처럼 세균이나 바이러스에 의해 전염되는 것이 아니고 오염된 동물성 사료를 먹었을 때 발생하는 것이었다.

실제로 광우병이 유럽을 휩쓸었던 1980년대 중반 스웨덴에서는 광우병 소가 한 마리도 나타나지 않았다. 광우병의 진원지인 영국과 지리적으로 가까운 곳에 위치했음에도 '동족의 고기를 동족에게 먹일 수 없다'는 윤리적 판단에 따라 동물성 사료의 수입과 사용을 금지했기 때문이었다.

스웨덴의 사례는 광우병이 발생하더라도 통제가 가능하다는 사실을 입증했다. 광우병 발생 시 수입을 중단해야 한다는 국제 규정은 존재하지 않았다. 협상에서 광우병 추가 발생 시 수입중단 조치를 반영하지 못한 것도 그 때문이었다.

그러나 OIE가 미국의 광우병 위험 통제국 지위가 하향 조정되어야 한다고 인정하게 되면 상황이 달라지게 되어 있었다. 그래서 그럴 경우에는 수입을 전면 중단키로 합의했던 것이다.

촛불 쓰나미가 시작되면서 인간광우병은 10~20여 년 잠복기를 거치기 때문에 20여 년 후에 광우병 재앙이 발생할 수 있다는 의견이 제기되었다.

그러나 과거를 생각해 보면 이는 이치에 맞지 않는 주장이었다. 광우병이 가장 심했던 때가 1980년대 중반이었다. 그러니까 잠복기를 거쳐 10~20여 년 후에 광우병이 발생한다는 논리대로라면 1980년대 중반으로부터 20여 년 후인 당시야말로 인간광우병이 가장 많이 발생해야 했다. 하지만 2000년 이후 미국에서 보고된 인간광우병은 없었다. 3건의 인간광우병 환자가 있었지만 모두 영국이나 사우디 등 외국에서 거주했던 사람들이고 순전히 미국에서 미국 쇠고기를 먹고 인간광우병에 걸린 사람은 하나도 없었다.

30개월 이상 된 쇠고기는 미국인들도 먹지 않는데 왜 이를 우리나라가 수입하냐는 비판도 따랐다. 이 또한 사실과 다른 것이었다. 미국에서 1년 동안 도축되는 소가 3,500여만 마리에 이르고, 이 중 15퍼센트인 30개월 이상 된 소 500만여 마리 대부분이 미국 시장에 가공용으로 공급되었다. 고기를 다져 햄버거와 샌드위치, 미트볼 등을 만들어 미국인들이 먹고 있었다.

나는 가능한 모든 방법을 동원해 이러한 점을 설명하고 PD수첩의 보도에서 발견된 적지 않은 오류를 지적하고 진실을 밝히고자 했다. 아울러 철저한 검역과 유통 관리를 통해 국민건강과 식품안전을 지켜가겠다고 약속했다.

그러나 역부족이었다. 방송의 영향력은 너무나 강력했고, 상상을 초월했다. 광우병 공포는 이미 광풍이 되어 퍼져나갔다. 그 앞에서 진실과 나의 약속은 아무런 힘을 발휘하지 못했다.

2008년 5월 2일, 여중생들이 촛불을 들고 청계광장으로 나왔다. 인터넷과 휴대폰을 통해 서로 정보를 주고받으며 연이어 수많은 학생이 모여들었다. 대학생과 회사원들도 합세했다. 유모차를 끈 젊은 엄마들까지 촛불을 들었다.

"광우병 쇠고기를 먹으니 차라리 청산가리를 먹겠다!"

"미국 쇠고기에 속았고 MB 정부에 속았다!"

"미친 소 먹여 서서히 죽어라!"

청소년들에게 큰 영향력을 미치는 일부 연예인들이 자극적인 언사를 서슴지 않았다. 촛불이 촛불을 불렀고, 그 물결이 하루가 다르게 눈덩이처럼 불어났다.

2008년 5월 5일, 어린이날에도 촛불집회는 계속되었다. 과천청사로 출근한 나는 하루 종일 대책 마련에 부심했다. 남녀노소를 불문하고 촛불을 들고 거리를 가득 메운 군중의 모습이 떠올랐다. 물 한 모금 편히 넘어가지 않았다.

들어주고 싶었다. 할 수만 있다면, 국민들의 요구를 다 들어주고 싶었다. 30개월 이상 된 쇠고기는 물론 모든 쇠고기 수입을 전면 금지해 국민들의 우려와 불신을 달래주고 싶었다. 그래서 촛불 든 학생들을 집으로, 학교로 돌려보내고, 그들 눈에 고인 눈물을 닦아주고 싶었다.

그러나 협상은 국가 간의 일이다. 양국 간에 합의된 약속을 국민정서를 이유로 철회할 수는 없는 노릇이었다. 국가 간에는 지켜야 할 규범이 있고 질서가 있기 때문이었다.

답답했다. 협상의 잘잘못을 떠나 이렇게 많은 국민이 분노해 촛불을 들고 나왔는데 내가 제시할 수 있는 대안이 없었다.

다시 생각했다. 협상 결과를 존중하면서도 국민들의 뜻을 수용할 수 있는 방안, 그것을 찾는 데 모든 정신을 집중했다.

백약이 무효, 가슴은 타 들어가고

"미국에서 광우병이 추가로 발생하면 통상마찰을 각오하고라도 쇠고기 수입중단 조치를 취하겠습니다."

2008년 5월 7일, 국회에서 열린 쇠고기 청문회에서 나는 그렇게 답했다. 관세 및 무역에 관한 일반협정(GATT) 제20조의 일반적 예외 규정을 적용한 것이다. 국가 간의 교역에서 인간이나 동물, 식물의 생명과 건강을 보호하기 위해서라면 필요한 조치를 할 수 있다는 GATT 규정을 근거로 한 발언이었다.

GATT가 쇠고기 협상보다 상위의 일반 규범인 만큼 이 조항을 준용하면 광우병 발생 시 수입 중단 조치를 취할 수 있다고 판단했다.

그러나 백약이 무효였다. 정부의 어떠한 노력에도 촛불은 사그라지지 않았다. 촛불은 서울 시청광장과 광화문을 넘어 전국으로 확산되었다.

고통의 순간이 계속되었다. 늘어만 가는 촛불만큼 내 가슴은 숯처럼 까맣게 타 들어갔다.

학자의 용기

"내가 예상했던 인간광우병 대재앙은 일어나지 않았으며, 광우병은 머지않은 미래에 소멸될 것입니다."

"이제 미국산 쇠고기를 통해 인간광우병에 걸릴 확률은 담배 한 개비로 암에 걸리거나 벼락을 맞을 확률보다 더 낮을 것입니다."

영국에서 광우병이 한창일 때 『죽음의 향연』이라는 책을 통해 "전 세계 수십만 명이 인간광우병으로 사망할 수도 있다"며 대재앙을 경고했던 리처드 로즈. 예일대 출신의 과학저술가로 퓰리처상을 수상한 그가 지난해 8월 달라진 자신의 입장을 그렇게 밝혔다.

그는 "동물성 사료를 금지하고 특정위험물질(SRM)을 제거함에 따라 내가 예상했던 광우병 재앙은 나타나지 않을 것이며, 광우병 또한 머지않은 미래에 사라질 것"이라고 주장했다.

풀리처상을 받은 저명한 학자가 자신의 주장이 잘못되었음을 인정하는 것은 결코 쉬운 일이 아닐 것이다. 그러나 그는 분명한 어조로 과거 자신의 주장이 잘못되었음을 시인했다.

그러한 발표를 하기까지 학자로서 적잖이 고민했을 것이다. 그가 지난날의 과오를 인정한 것은 전 세계인이 자신의 이야기로 인해 더 이상 공포에 떨지 않기를 바라는 학자적 양심 때문이었을 것이라는 생각이 들었다.

지난 촛불정국 때 많은 전문가가 광우병의 위험성을 소리 높여 주장하던 근거는 다름 아닌 리처드 로즈가 쓴 『죽음의 향연』이었다.

그러나 정작 이 책의 저자는 자신의 주장이 잘못되었다고 스스로 밝혔는데, 그 책을 근거로 광우병의 공포를 부각시켰던 국내 전문가들은 아직까지 아무런 말이 없다. 잘못되었다고 말할 수 있는 학자적 양심과 용기, 그런 용기 있는 학자가 나와주기를 기대한다.

원망과 분노, 다 내려놓고

지난해 촛불정국의 책임을 지고 물러나면서 나는 내 안의 모든 원망과 분노를 다 내려놓았다. PD수첩 제작진과, 광화문과 대전 등에서 나를 가로막았던 시위대에 대한 원망과 분노도 조용히 삭였다.

지난 3월 PD수첩 제작진을 명예훼손 혐의로 검찰에 고소한 것은 촛불정국에 대한 실체적 진실을 규명하기 위해서였다. 온 나라가 우려와 공포에 떨었던 촛불정국이 왜 일어났는지, 무엇이 옳고 무엇이 그른지에 대해 사실대로 밝혀 역사의 교훈으로 삼기 위함이었다.

2009년 6월 18일, 검찰은 PD수첩 제작진 5명을 명예훼손 및 업무 방해 혐의로 각각 불구속 기소했다. 제작진이 광우병의 위험성과 정부의 협상 과정에 대한 취재 내용을 왜곡해 허위사실을 보도했고, 광우병의 위험성을 30여 곳에서 왜곡 보도했다는 것이 기소 이유였다.

"진리는 반드시 따르는 자 있고, 정의는 반드시 이루는 날 있다."

도산 안창호 선생의 말이다. 서서히 촛불정국의 진실이 하나둘 드러나고 있다. 국민들 또한 촛불 광풍에서 벗어나 냉정하게 촛불정국을 반추하고 있다.

아직까지 PD수첩은 '특별한' 말이 없다. 그래도 나는 희망의 끈을 놓지 않고 있다. 리처드 로즈가 그랬듯이 PD수첩 또한 자신들의 과오를 인정하는 용기 있는 행동을 보여주기를 기대한다.

언론의 자유와 권한 못지않게 그에 따른 책임이 막중하다는 것을 그들 또한 잘 알고 있을 것이기 때문이다.

촛불정국을
축산 발전의 기회로

"전남 함평에서 축산인이 생활고를 비관해 스스로 목숨을 끊었습니다."

축산국장이 건네준 인터넷 기사를 읽으며 나는 깊은 한숨을 내쉬었다. 벌써 세 번째였다. 사료값 상승과 조류독감(AI) 확산, 그리고 쇠고기 협상까지…. 얼마나 사는 게 힘들고 고달프면 스스로 죽음을 택했겠는가.

농업인들이 희망을 갖고 살아갈 수 있게 하는 것이 나의 첫 번째 역할일진대, 그렇지 못한 현실에 내 마음은 천근만근 무거웠다.

촛불시위는 갈수록 확산되었다. PD수첩 방영 이후 축산물 전반에 대한 소비가 위축되고 가격이 하락했다. 연초부터 계속된 사료값 상승으로 기진맥진한 축산농가에 쇠고기 소비 위축은 엎친 데 덮친 격으로 축산농가를 벼랑 끝으로 몰았다.

이번 기회에 축산농가를 위한 특단의 대책을 마련해야 한다는 생각이 들었다. 쇠고기 협상 타결 이후 축산발전대책을 확정 발표했지만 그것은 어디까지나 협상에 따른 후속대책이었다. 더구나 예상치 못한 촛불정국으로 인해 축산물 소비가 저하된 만큼 별도의 대책을 마련해야 했다.

"그런데…, 촛불집회 주최 측에서 장례식을 서울광장에서 치르자고 제안한 모양입니다. 축산단체가 여의도 캠프를 시청 앞 광장으로 옮기려 하고 있습니다."

축산국장의 말에 뒤통수를 얻어맞은 듯 머리가 어지러웠다.

서울 시청광장에서 장례식을 치른다면? 축산단체까지 촛불시위에 합류한다면? 그때는 정말 무슨 일이 어떻게 벌어질지 아무도 장담할 수 없었다.

나는 축산단체장들에 대한 전방위 협의를 통해 자제를 당부하는 한편, 제1차관을 단장으로 하는 축산대책 상황실을 발족시켰다. 소관도 아닌데 제1차관을 단장으로 임명한 것은 이번 기회에 축산업계의 오랜 숙원을 해결하겠다는 내 의지가 그만큼 단호하다는 뜻이었다.

"촛불정국으로 국민적 관심이 집중된 지금이 축산 발전을 위한 절호의 기회입니다. 예산이나 인력, 그 밖의 문제로 10년, 20년이 걸려도 해결하지 못했던 숙원사업을 이번 기회에 반드시 해결해야 합니다. 지난번의 축산발전대책과는 별도로 축산농가의 숙원사업을 해결할 특단의 추가대책을 만들어주십시오."

상황실을 가동하는 자리에서 나는 축산업계의 고질적인 문제들을 근본적으로 해결할 특단의 대책을 마련하라고 지시했다.

다행히 축산단체는 촛불시위에 합류하지 않았고 상황실에서는 보름여의 작업 끝에 추가대책안을 확정했다. 사료값 상승에 대처하기 위한 사료구매자금 1조~1조 5천억 원을 금리 3퍼센트에서 1퍼센트로 낮추어 지원 확대, 가축분뇨 공동자원화 시설 확충, 품질 고급화 장려금 지급, 송아지 생산 안정을 위한 기준가격 현실화, 조사료 생산 활성화 대책 수립, 축사시설 현대화 지원 등 13개 세부대책이 그것이었다.

"비상시국입니다"

"예산 협의가 쉽지 않습니다. 담당과장을 만나 며칠 동안 설명했지만 반응이 영…."

확정된 추가대책을 가지고 기획재정부와 예산 협의에 나섰던 축산정책과장이 풀이 죽은 목소리로 보고했다.

"그게 무슨 소립니까? 지금은 비상시국입니다. 쇠고기정국이란 말입니다!"

촛불정국 하에서 상황실까지 운영하며 마련한 특단의 대책이었다.

"저도 그렇게 설명했습니다만, 한 달도 안 돼 막대한 추가예산을 요구하는 것은 전례가 없다면서…"

축산발전대책을 확정 발표한 지 한 달도 되지 않았는데 막대한 예산을 추가로 요구하니 기획재정부 입장에서 받아들이기 어렵다는 것이었다.

그러나 지금은 비상시국이었다. 협상 타결 후 마련한 후속대책과는 상황이 달랐다. 또 모든 일이 그렇듯 정책에도 때가 있는 법, 특단의 축산대책은 지금이 적시였다.

"그렇다면 내가 가겠습니다. 내가 가서 기획재정부 담당과장을 만나겠습니다."

생각 끝에 나는 그렇게 결심하고 기획재정부에 연락을 취해 달라고 지시했다.

"장관님께서 어떻게 과장에게…"

축산정책과장이 놀라 만류했지만 이런 형국에 장관의 체면이 뭐 그리 중요한가. 어떻게든 예산을 확보해 어렵게 마련한 특단의 대책을 추진하는 것이 급선무였다.

다음 날 아침 7시 30분, 기획재정부에서 예산실장과 심의관 그리고 담당과장이 찾아왔다.

내가 담당과장을 찾아가 설명하겠다고 하자 당황한 건 오히려 기획재정부였다. 이 유례없는 상황에 어떻게 대처해야 할지 긴박하게 내부 협의가 이루어졌고, 결국 예산실장 등이 나를 찾아오는 것으로 입장을 정리한 모양이었다.

"촛불정국으로 온 나라가 들끓고 있습니다. 축산물의 안전성에 대한 국민들의 우려가 극에 달해 있습니다. 이 기회에 원산지표시제를 전국의 모든 음식점으로 확대해 둔갑판매를 뿌리 뽑아서 안전한 축산물에 대한 신뢰를 얻어야 합니다. 이번에 마련한 특단의 대책은 근본적인 해결방안이 될 것입니다."

나는 비장한 심정으로 말을 이었다.

"이번 사태가 발생한 이후 축산인 세 분이 목숨을 끊었습니다. 앞으로 얼마나 많은 분이 같은 길을 택할지 알 수 없습니다. 기획재정부에서는 우리 부에서 요청한 예산을 100퍼센트 반영해 주시기 바랍니다. 그렇게만 해주시면 앞으로 발생하는 모든 일에 대해 내가 책임을 지겠습니다. 그렇지 않으면 또다시 일어날 수 있는 축산농가의 불상사에 대해 기획재정부도 함께 책임을 져야 할 것입니다."

나로서는 새롭게 마련한 대책을 어떻게든 추진해야만 했다.

기획재정부는 최대한의 협조를 다하겠다고 약속했다.

이 후 양 부처 간 실무협의가 빠르게 진행되었고, 그날 오후 축산정책과장이 결과를 전해왔다.

"12개 세부대책은 우리 요구대로 예산을 확정지었습니다."

그러나 축산분뇨 공동자원화 시설 지원은 관련 규정이 없어 예산실장으로서는 해결할 수 없다고 했다.

"알겠습니다. 그렇다면 내가 기획재정부장관을 찾아가 협의하겠습니다."

나는 그날로 기획재정부장관을 찾아갔다.

"장관님, 축산대책 13가지 중 12가지는 예산실장과 협의를 마쳤습니다. 나머지 하나는 장관님의 결단이 남아 있어 제가 직접 왔습니다. 축산분뇨 공동자원화 시설입니다. 이 시설은 이제 공공재 개념으로 봐야 합니다. 축산분뇨를 처리하지 못해 해양 투기하고 있는 실정입니다. 그나마 2012년에는 해양 투기도 못 하게 되어 있습니다. 그러니 규정을 바꿔서라도 지원해 주십시오."

기획재정부장관도 어떻게든 방법을 찾아 예산을 지원해 주겠다고 약속했다.

그때를 생각하면 지금도 머리카락이 곤두선다. 만약 축산단체가 시위에 합류해 시청광장에서 장례식을 치렀다면, 그 후의 촛불정국이 어떻게 전개되었을까?

가족을 잃은 슬픔과 절망이 오죽했으랴만 이성을 잃지 않고 합리적으로 행동해 준 축산단체와 유가족분들에게 머리 숙여 감사드린다.

또한 위기 속에서 마련한 특단의 축산대책을 뒷받침해 준 기획재정부장관과 관계자들에게도 감사의 마음을 잊지 않고 있다.

다섯 번의 청문회

"이번 협상은 퍼주기 식 졸속협상입니다. 책임자를 엄중 문책하고 즉각 재협상에 나서야 합니다."

"거기 앉아 있을 자격이나 있습니까? 청문회 끝나고 사표 내세요."

2008년 5월 7일 국회 농림해양수산위원회. 쇠고기 청문회가 시작되자마자 야당의원들은 나를 죄인처럼 몰아붙였다. 굴욕외교라며 나를 역적 취급하듯 했다.

나는 마음이 몹시 허허로웠다. 내 입장에서는 최선을 다한 협상이었다. 협상을 중단하고 장관직을 내놓겠다고 미국 대표를 압박한 끝에 타결시킨 협상이었다.

특히 한 의원이 나를 수입상이라고 빈정거릴 때는 정말이지 울분이

턱밑까지 치밀어 올랐다. 그러나 중요한 것은 내 자존심이 아니었다.

나는 참아야 했다. 동네북처럼 맞고 맞아도 참아야 했다. 그래야 성난 국민들이 다소나마 마음의 위안을 얻을 수 있을 것이었다. 그럴 수만 있다면 열 번이고 백 번이고 참고 맞아야 한다고 생각했다.

'듣기'가 실종된 청문회

장관 임명 전 인사청문회와 장관 퇴임 직후의 쇠고기 청문회를 포함해 나는 5개월 동안 다섯 번 청문회장에 섰다.

사실 나는 정치와는 거리가 먼 농업인 출신이었다. 농업을 살려내겠다는 일념뿐인 내게 청문회 자리는 낯설고 어색했다. 청문회를 다섯 차례나 경험하며 나는 많은 문제점을 느꼈다. 그중에서도 가장 안타까운 것은 청문회의 목적이 망각되지 않았나 하는 점이었다.

청문회는 청문(聽聞), 말 그대로 '듣는' 자리다. 쇠고기 협상 당사자들의 증언을 듣고 관련 전문가들의 의견을 구하기 위해 마련된 자리였다. 그러나 실상은 그렇지 않았다. "'예, 아니오'로만 대답하세요."

"됐어요. 그런 얘기 듣고 있을 시간이 없어요."

내가 배경 설명을 하거나 질의자 본인에게 불리한 진술을 하면 "되었다, 시간이 없다"라면서 말문을 막아버리곤 했다.

법에 의하면 의원들은 질의할 내용을 요약해 하루 전까지 증인들에게 보내주게 되어 있다. 답변을 준비하라는 의미다. 그러나 일부

의원은 질의요지도 보내주지 않았다. 그리고 대답이 늦거나 머뭇거리면 또 호통을 쳤다. 마치 골키퍼의 눈을 안대로 가려놓고 마음대로 볼을 차는 격이었다.

국민들의 눈과 귀를 의식할 수밖에 없는 의원들의 입장을 모르는 것은 아니다. 그러나 그럴수록 청문회의 목적과 취지에 충실해야 한다. 질의요지도 주지 않고 공격하는 풍토, 그런 의원들이 주목받는 풍토는 이제 바뀌어야 할 것이다.

사생활은 비공개로

청문회와 관련해 제안하고 싶은 것이 또 하나 있다. 인사청문회에서 후보자의 사생활에 관한 내용은 비공개로 해야 한다는 것이다.

인사청문회는 국가를 이끌어갈 지도자의 역량과 자질을 검증하는 자리다. 그런데 전 국민이 지켜보는 가운데 확인되지도 않은 내용을 가지고 후보자의 사생활을 파헤쳐 도덕성에 흠집을 낸다면, 그 후보가 리더가 되었을 때 지도력을 제대로 발휘할 수 있을까?

청문회제도가 발달한 미국에서도 이런 점을 감안해 사생활에 관한 청문은 비공개로 진행하고 있는 것으로 알고 있다.

우리도 앞으로는 정책 역량과 자질에 대한 청문은 생중계하되 사생활만큼은 비공개로 진행하는 것이 국가와 국회, 후보자를 위해 바람직하다는 것이 내 생각이다.

해임 건의와 지지 서명

  국무위원(농림수산식품부장관) 정운천은 미국산 쇠고기 수입재개 협상을 진행함에 있어 기본적인 내용도 숙지하지 못한 채 협상에 임해 국가의 검역 주권과 국민 건강권을 크게 훼손하였습니다. 그럼에도 잘못을 시인하고 재협상에 나서기는커녕 한사코 기존 협상을 관철시키려 하는 것으로 보아 농식품부장관으로서의 직무수행 의사와 능력이 없다고 판단, 헌법 제63조의 규정에 의거 해임을 건의합니다.

2008년 5월 21일

통합민주당, 자유선진당, 민주노동당

촛불정국은 결국 나를 심판대에 세웠다. 쇠고기 협상의 책임을 묻겠다며 통합민주당을 비롯한 야3당이 공동 발의해 나에 대한 해임건의안을 국회에 제출한 것이다.

사태가 불거질 때부터 나는 주무장관으로서 책임을 지겠다는 각오를 하고 있었다. 내가 물러나는 것으로 사태를 마무리할 수 있다면 당연히 그렇게 하겠다고 밝혔다.

그러나 이건 아니었다. 국가의 검역 주권과 국민 건강권을 훼손시켰다니. '친일 매국노처럼, 역사에 부끄러운 짓' 운운하던 PD수첩의 클로징 멘트가 떠올랐다.

언론에서 그러했듯 정치권에서도 나에게 국가의 죄인이라는 낙인을 찍는 것 같았다. 주어진 여건에서 조금이라도 더 얻기 위해 피 말리는 협상을 진행한 대가치고는 너무나 잔인했다.

그러나 국회는 국민의 대표기관이다. 진위에 상관없이 국회가 결정하면 국민의 뜻으로 알고 받아들이는 것이 나의 도리였다.

나는 마음을 비웠다. 국회의원 전체의 반이 넘는 151명의 야당의원들이 발의해 제출한 건의안이었다. 부결될 가능성은 없어 보였다.

내가 바라는 점이 있다면 이것으로 사태가 마무리되는 것이었다. 내가 모든 책임을 지고 해임되는 것으로 국민들이 촛불을 끄고 제자리로 돌아갈 수 있기를 나는 마음속으로 빌었다.

지방자치단체장 지지 서명

"장관님, 이것 좀 보십시오."

비서관이 들고 온 자료를 내밀었다. 인터넷에서 출력한 신문기사였다.

> 정운천 장관의 농업정책을 지지합니다.
>
> ---〈중략〉---
>
> 농업이 주류를 이루고 있는 지역의 자치단체장으로서 모처럼 우리 농촌이 희망을 갖도록 새로운 농정의 틀을 제시해 주신 정운천 장관의 인책론이 거론된다는 보도를 접하고 이렇게 건의를 드리지 않을 수 없습니다.
>
> ---〈중략〉---
>
> 돈 버는 농업과 살맛 나는 농어촌 건설을 위한 비전을 제시하고 시·군 단위 유통회사 설립, 농어촌뉴타운 건설 등 5대 미래전략과제를 통하여 우리 농촌을 살려보겠다는 정운천 장관의 의지가 실천될 수 있도록 국회 차원에서 배려해 주실 것을 농촌지역의 자치단체장 연명으로 건의 드립니다.
>
> 2008년 5월
>
> 농촌지역 지방자치단체장 일동

아래에는 45개 자치단체와 단체장의 연대 서명이 있었다. 모두가 낯익은 이름이었다. 한 분 한 분 차례로 얼굴이 떠올랐다. 한 달여 전 농정 워크숍에서 넥타이까지 풀어가며 난상토론을 벌였던 기억들이 되살아났다.

이제야 방법을 찾고 자신감을 얻었다며 내 손을 꽉 움켜쥐던 충북 이 군수의 이름도, 기회가 되면 현장으로 내려와 군민들에게도 한번 특강을 해달라고 사정하던 경남 심 군수의 이름도 있었다. 이제 농업에 미래가 보인다며 꼭 제대로 한번 해보겠다던 전남 전 군수의 이름도, 앞장서서 나갈 테니 지켜보고 뒷받침해 달라고 목소리를 높이던 전북 강 시장의 이름도 있었다.

돈 버는 농업, 살맛 나는 농어촌을 만들어보자고 다짐을 모았고 해낼 수 있다는 자신감과 희망에 부풀어 있었는데…. 내가 해임되면 혹시라도 흐지부지되지 않을까 우려가 되었을 것이다.

가슴이 뭉클했다. 한 치 앞도 알 수 없는 안개정국에서 나를 공개적으로 지지한다는 것이 쉽지 않았을 텐데, 국가의 죄인으로 몰리고 있는 나를 구명하고자 나서준 그분들이 눈물이 나도록 고마웠다.

지자체장의 지지 서명 이유

그런데 다음날 아침, 지방자치단체장들의 정책 지지 서명이 농식품부의 압력과 회유에 의한 것이라는 언론보도가 이어졌다. 국고지

원금 20억 원을 무기로 압력을 행사해 서명토록 했다는 것이었다.

온몸이 도륙당하는 느낌이 들었다. 시장·군수는 선거에 의해 선출된 민선단체장이다. 압력과 회유를 받아 서명했다니…. 그분들에게도 더할 수 없는 모욕이었을 것이다.

실제 몇몇 단체장은 기자회견을 자청해 "정부의 압박 같은 것은 없었습니다. 다만 정운천 장관의 농업정책을 지지하고 취임 2개월도 안 된 장관을 해임하는 것은 농촌 활성화를 위해 바람직하지 않다고 생각해서 서명했습니다"라고 지지 이유를 밝히기도 했다.

그러나 거대한 쓰나미가 된 촛불정국의 격랑은 어떠한 설명도 한순간에 삼켜버렸다. 해당 시·군의 시민단체들이 들고 일어나 단체장에게 항의했고, 견디다 못한 일부 단체장들은 건의문을 불태우고 서명을 철회하거나 공식사과를 하기도 했다.

사태의 추이를 지켜보면서 나는 더할 수 없는 비애를 느꼈다. 정책지지 서명에는 여당, 야당의 구분이 없었다. 영남, 호남, 충청, 경기, 강원 등 지역도 가리지 않았다. 오로지 우리 농업을 살려야 한다는 공감대와 의지가 있었을 뿐이었다.

농정 방향과 정책에 공감한 장관을 지지했다는 이유로 농업인들에게 사과하고 용서를 구해야 하는 상황, 그것이 2008년 5월 이 땅의 엄연한 현실이었다.

나에 대한 해임건의안은 부결되었다. 건의안을 발의한 야3당의 의석수가 과반수를 넘었는데도 불구하고 부결되었다.

새롭게 시작한 농정개혁을 중단하면 농업의 미래가 없다는 판단에서 지자체장들이 정책 지지에 서명했듯, 야당의원 중에서도 뜻을 같이하여 반대표를 던진 분들이 있었던 것 같다.

보이지 않는 곳에서 힘을 북돋워준 분들이 있었기에 나는 물러나는 그날까지 농정개혁에 모든 역량을 쏟아 부을 수 있었다.

"과장님이 장관입니다"

"결재할 서류 다 가져오십시오."

집무실로 들어서며 비서관에게 지시했다. 외부 일정이 없는 날이라 그동안 밀린 일을 처리하기 위해서였다. 국회 청문회, 당정 협의, 청와대의 각종 대책회의와 촛불정국에 대처하기 위해 동분서주하다 보니 며칠 동안 집무실에서 일을 볼 시간이 없었다.

"이렇게 많아?"

"이것은 전부 장관님이 직접 결재하셔야 할 사안들입니다. 나머지 사안들은 취임 초 지시하신 대로 규정에 따라 전결 처리하고 있습니다."

취임과 함께 나는 직원들과의 대화를 통해 몇 가지 조직 운영 방침을 밝혔다. 조직 내 인사는 상급자가 자신과 함께 일할 직원을 선택하는 방식을 택하고, 기존 업무의 30퍼센트를 줄여 현장 업무에 투입하겠다는 것이 골자였다.

장관 취임과 함께 가장 먼저 해결해야 할 문제가 바로 '인사'였다. 농림부에서 농식품부로 발족하는 것과 동시에 조직을 재편해야 했다.

인사가 만사

어느 조직이든 인사가 중요함은 말이나 글로 설명하지 않아도 누구나 공감한다. 나는 인사를 앞두고 고민을 했다. 통합 부처가 되면서 본부만 해도 68명이 보직을 받지 못하게 되었다. 또한 3개 부처가 통합되었으니 교차인사로 조직을 통합해야 하는 어려움이 있었다. 직원 파악도 안 된 상태에서 하는 인사는 안 하는 것만 못하다는 판단이 들었다.

직원 개개인의 성향이나 업무처리 능력은 신임 장관보다 해당 실·국장들이 잘 알고 있을 것이었다. 그래서 생각한 것이 큰 틀의 가이드라인만 정하고 인사권을 직원들에게 맡기는 것이었다. 인사에 대한 권한을 부여한 만큼 그에 따른 책임도 져야 한다고 강조했다. 양 차관과 실장이 국장들을 인사하고 국장은 과장들을 인사하고 과장은 직원들을 인사하는 방식으로 인사가 진행되었다.

인사가 만사라고 했다. 어느 조직이나 인사 전후에는 말이 많기 마련인데, 농식품부는 잡음 없이 인사가 완료되었다. 인사에서 '선택받지 못한' 사람들은 분명 자신의 업무 태도를 반성하였을 것이다. 향후에는 '선택받는' 자가 되기 위해 애쓰게 될 것이라는 생각으로 단행한 인사 조치였다.

그와 함께 나는 전결권 조정에도 신경을 썼다. 전결권자가 책임과 권한을 갖고 결재하게 한 것이다. 과장, 국장이 처리해도 될 일을 장관에게까지 가져오면 일처리 속도만 더뎌지고 책임행정이 구현되지 않는다고 판단했다.

그렇게 해서 장관이 결재해야 할 사안들이 많이 줄었음에도 불구하고 촛불정국으로 인해 며칠 동안 자리를 비우다 보니 결재서류가 수북이 쌓인 것이었다.

신바람 사기진작비

국정을 마비시킬 정도로 확산된 촛불정국은 농정개혁에도 큰 장애가 되었다. 농식품부 공무원들은 연일 계속되는 촛불정국에 대처하느라 본연의 업무를 제대로 처리하지 못했다.

직원들의 사기도 말이 아니었다. 쇠고기 협상과 관련된 비난과 지탄의 대상이 되면서 부처 분위기는 소금에 절인 배추처럼 가라앉았다.

촛불정국이 확산되면서 축산농가를 비롯한 농업인들의 반발도 커져만 갔다. 농업의 밀물시대를 함께 열자고 손잡고 다짐했던 시장,

군수들과의 공감대에도 균열이 생기기 시작했다. 촛불은 그 모든 것을 무력화할 정도로 거세게 타올랐다.

안타까웠다. 속이 까맣게 타들어가고 마음은 가뭄 끝의 논바닥처럼 갈라졌다. 함께 힘을 모아 수입개방에 대처하고 농업 발전에 매진해도 모자랄 판에 흩어지고 갈라지는 것이 너무도 안타까웠다.

하루빨리 촛불정국을 마무리하고 농정개혁에 매진하기 위해 나름대로 최선을 다했지만 촛불정국은 점점 더 확산되었다.

나는 검토하던 서류를 덮었다.

그리고 잠시 생각에 잠겼다. 직원들의 사기를 진작시켜 농정에 전념할 수 있게 할 방법을 강구했다. 나는 과장과 각 팀장들을 회의실에 소집했다.

"촛불정국 때문에 농업을 살리는 농업개혁이 지체되어서는 안 됩니다. 촛불정국은 장관인 내가 직접 관계자 30여 명과 5개 팀을 만들어 대처하겠습니다. 그러니 여러분은 다른 데 신경 쓰지 말고 본연의 업무에 전념해 주십시오. 이제부터 실무 책임자인 여러분들이 해당 분야의 장관입니다. 장관의 권한을 드리겠으니 본인이 맡은 업무는 '내가 장관'이라는 소신을 갖고 처리해 주시기 바랍니다. 새로운 농업정책이 제대로 추진될 수 있도록 만전을 기해 주시면 감사하겠습니다."

나는 일일이 악수를 나누며 간곡히 당부했다. 모두가 숙연한 표정으로 최선을 다하겠다고 응답했다. 그러나 말 몇 마디로 될 일이 아니었다. 사기를 진작시킬 특별한 방안이 필요했다. 나는 비서관과 재정팀장을 불렀다.

"과장 68명에게 각각 100만 원씩 6,800만 원을 장관 판공비에서 지급하세요."

그러자 재정팀장이 당혹스럽다는 듯 말문을 열었다.

"장관님께서는 어떻게 하시려고 그러십니까?"

나는 재정팀장에게 내 걱정은 하지 말라고 했다. 몇 개월 분의 판공비였으므로 그로서는 당황스럽고 걱정이 되었을 것이다.

다음 날, 각 과장들 급여 통장에 '신바람 사기진작비'라는 이름으로 100만 원이 입금되었다.

마음의 위안

퇴임하는 날, 이임식을 마치고 나는 차관에게 봉투를 전달했다. 촛불정국 3개월 동안 내가 받은 급여였다. 국민들의 마음을 제대로 헤아리지 못해 직원들의 사기를 떨어뜨리고 불필요한 업무만 가중시켰다고 생각하니 그냥 떠나올 수가 없었다. 고생한 직원들을 위해 썼으면 좋겠다는 뜻과 함께 농식품부에 기탁하고 나왔다.

후에 들으니 직원들이 주말이나 휴가철에 사용할 수 있도록 콘도 이용권을 구입하는 데 썼다고 한다. 촛불정국으로 밤낮없이 일에 매달린 직원들에게 그렇게라도 하고 나와 조금이나마 마음의 위안이 된다.

딸아이의 눈물, 가족

자정이 넘은 시각, 현관문을 열어주고 돌아서는 아내의 얼굴에 어두운 그림자가 드리워져 있었다. 촛불정국의 하루하루가 아내에게도 힘겹고 고통스런 나날이었지만 그날처럼 짙은 그늘은 처음이었다.

"아무래도…… 학교를 그만둬야 되겠어요."

아내는 마지못해 입을 열었다.

25년 동안 교직을 천직으로 알고 살아온 아내였다. 그런 아내가 학교를 그만둘 생각까지 했다니…. 그동안 아내가 받은 고통과 번민의 무게가 얼마나 컸을지 비로소 실감이 났다.

촛불의 광풍은 아내가 근무하는 학교에까지 번졌다. 아내가 가르치는 학생들도 촛불을 들었고, 일부 동료 교사들도 시위에 참가했다.

내가 선생님의 '남편'임을 알지 못한 아이들은 아내 앞에서 광우병과 촛불시위에 대해 거리낌 없이 이야기했다. 청문회에서 내가 일부 의원에게 받았던 모욕적인 장면들을 그대로 재연하기도 했다.

교실에 들어설 때마다 아내는 단단히 각오를 다졌지만, 원색적인 욕설로 남편을 비난하는 것은 견디기 어려웠다. 한편으로 아무것도 모르고 부화뇌동하는 아이들이 안타깝기도 했다.

"선생님, 저 쇠고기 점심 안 먹을래요. 그거 먹고 광우병 걸리면 어떡해요."

학생들은 쇠고기가 반찬으로 나오는 학교 급식까지 거부했다.

"걱정하지 말고 먹어. 광우병 안 걸려. 언론보도가 많이 왜곡되었을 뿐이야."

아내가 설득하려 했지만 소용이 없었다.

시간이 지나면서 내가 선생님의 '남편'이라는 사실이 알려졌고, 그때부터 아이들은 아내를 피했다. 삼삼오오 모여 이야기를 하다가도 아내가 다가가면 입을 다물고 냉소적인 눈빛으로 일관했다. 노골적으로 비아냥거리는 아이들도 있었다.

그때부터 아내는 고민에 빠졌다. 이대로 교사생활을 계속할 수 있을지, 신뢰가 무너진 마당에 아이들 앞에 서는 것이 더 이상 무슨 의미가 있을지, 아이들이 수업을 거부하지는 않을지….

아내의 고통은 집에서도 계속되었다. 일부 시위대가 아파트 앞에까지 몰려와 시위를 벌였다.

"매국노 정운천은 물러가라! 물러가라!"

시위대의 외침이 확성기를 타고 울려 퍼졌다. '광우병 오적 정운천'이라는 플래카드가 여기저기 나붙었다. 인근 주민들이 몰려오고 기자들이 들이닥쳤다. 아파트 단지는 졸지에 아수라장이 되었다.

관할 경찰서장의 권유로 아내는 다른 곳으로 피신했다. 그러나 그것도 한두 번, 결국 아내는 집에 남아 기도로 마음을 다스렸다.

20년 친구 잃은 아내

그러던 중 예상치 않은 일이 벌어졌다. 인근 주민들이 하나둘 모여들더니 시위대를 향해 맞시위를 벌이기 시작한 것이었다. 아파트 경비원 아저씨, 과일 가게 아주머니, 미용실 사람들, 트럭에서 호떡을 파는 아주머니까지….

"열심히 일한 장관, 못살게 굴지 마라! 장사도 안 돼 죽겠는데 정치한다는 사람들이 왜 여기까지 와서 이 난리냐!"

심신이 지친 아내에게 주민들의 응원은 큰 위안이자 용기가 되었다.

그러나 촛불정국은 결국 아내에게 씻을 수 없는 상처를 남겼다. 20여 년간 믿고 의지해 온 친구이자 동료인 한 선생님과 서로 다른 길을 가게 된 것이다.

촛불정국 이후 집과 학교만 오가며 사실상 사람들과 연락을 끊고 지내온 아내가 모처럼 수화기를 들었다. 평소 믿고 의지했던 그 선생님에게 답답한 심정을 토로하고 싶은 마음에서였다.

그러나 전화를 받는 그 선생님의 음성은 예전의 다정다감한 목소리가 아니었다. 모래가 일듯 건조하고 냉랭했다. 그는 정부에 대한 분노와 쇠고기 협상을 막지 못한 농식품부장관에 대한 원망을 쏟아냈다.

그는 PD수첩과 일부 언론이 보도한 광우병 공포를 절대적으로 믿고 있었다. 그는 남편과 두 딸 등 가족이 모두 촛불집회에 나가고 있으며 광우병대책위원회에 성금을 보내고 있다고 했다.

아내는 그에게 광우병에 대해 설명하고 설득했다. 그러나 대화를 하면 할수록 분노와 원망의 골만 깊어갈 뿐이었다.

한 시간가량의 대화도 두 사람의 거리를 좁히지 못했다. 그리고 그가 던진 한마디가 아내의 심장에 비수처럼 꽂혔다.

"어디 가서 그런 말 하지 마. 뺨 맞아."

촛불정국은 그렇게 아내의 20년 친구마저 떠나보냈다.

나는 아내에게 항상 미안한 마음을 가지고 있었다. 처갓집은 경상도 선산이다. 전라도 출신인 데다 농업인인 나를 믿고 반대하는 부모를 설득해서 결혼한 아내였다. 그러나 나는 아내를 위해 해준 것이 그리 많지 않았다.

우리는 신혼여행도 가지 못했다. 결혼식 다음 날 나는 일 때문에 지방출장을 다녀야 했고, 아내는 학교에서 받은 일주일간의 휴가를 어디에 말도 못 꺼내고 서울에서 혼자 보내야 했다. 그리고 서울과 해남으로 떨어져 주말부부, 아니 월말부부로 20여 년을 살아왔다.

나는 아내의 두 손을 꼬옥 잡았다.

'여보, 조금만 더 참아줘. 시간이 지나면 국민들도 진실을 알게 될 거야. 매국노도 아니고 오적도 아니라는 것을 국민들이 알아줄 거야. 조금만 더 힘을 냅시다.'

딸아이의 눈물

조용히 방문을 열고 안으로 들어갔다. 딸아이는 불을 켜놓은 채 책상 위에 엎드려 있었다. 새벽에 퇴근하는 날이 많아지면서 아이들 얼굴 보기도 쉽지 않았다. 며칠 만에 들어온 딸아이 방이었다.

고등학교 졸업반으로 대학입시를 준비 중인 아들은 그래도 걱정이 덜했다. 아들은 입시준비를 뒤로한 채 아고라에서 네티즌들과 댓글 전쟁을 벌였다. 아빠가 어떤 사람인지, 어떻게 협상에 임했는지, 광화문에 나가 촛불집회 현장을 지켜보며 내게 상황을 전해주기도 했다.

딸아이는 이제 열여섯. 예민한 나이였다. 나는 아이가 상처를 받지 않을까 걱정이 앞섰다. 또래 아이들이 촛불을 들고 아빠를 매국노라 부르는 것을 지켜보며 얼마나 마음 아파할지, 한쪽 구석에 죄인처럼 쭈그리고 앉아 있는 것은 아닌지… 오만 가지 생각이 다 들었다.

엎드려 자고 있는 딸아이에게 다가가 가만히 얼굴을 들여다보았다. 눈가에 얼룩처럼 눈물자국이 남아 있었다. 책상의 유리 위에는 눈물방울이 고여 있었다.

컴퓨터 화면에는 나의 해임을 청원하는 댓글이 떠 있었다.

"저런 사람을 농식품부장관으로 뽑았으니 나라가 이 꼴이지. 미국 쇠고기 네 가족이랑 실컷 처먹고 뒈져라."

"정운천이 자살하지 않을까? 자살하지 않으면 우리가 사형에 처합시다!"

나를 성토하는 댓글을 보면서 딸아이는 울고 있었던 모양이다. 내가 방문을 열고 들어가자 눈물을 보이지 않으려고 일부러 자는 척하고 있는 모양이었다.

나는 잠든 척 엎드려 있는 아이를 향해 나지막이 속삭였다.

"딸아, 너를 아프게 해서 미안하다. 하지만 아빠는 결코 너에게 부끄러운 일은 하지 않았다. 앞으로도 그럴 거야…"

나는 살며시 아이의 옷깃을 여며주고 뒤돌아 나왔다. 등 뒤로 아이의 다정한 목소리가 들리는 것 같았다.

'아빠, 힘내세요. 저도 아빠를 믿어요.'

아이의 순수한 눈망울

이제 낯이 익은 걸까? 한 아이가 나를 보더니 아장아장 걸어온다. 뒤뚱뒤뚱 다소 불안하게 다가온 아이가 기우뚱하더니 바닥에 넘어진다. 아이를 일으켜 안고 가볍게 흔들어 어르자 찡그린 얼굴이 활짝 펴진다.

"장관님, 이제 출발하셔야 됩니다."

옆에 서 있는 수행비서가 독촉했다. 이렇게 천진난만한 아이들을 떠나 촛불정국으로 돌아가려니 선뜻 발걸음이 내키지 않았다.

농식품부 건물 1층에는 유아방이 있다. 정부청사에서 운영하는 부처 통합 유아방이 농식품부 건물 내에 새로 설치된 것이다. 5개 청사에 근무하는 맞벌이 부부를 위한 것으로, 28명의 유아들이 생활하고 있었다.

나는 이따금 유아방을 찾았다. 아침에 출근할 때 들러 아이들을 안아보고 외출할 때에도 들러 아이들이 놀고 있는 모습을 바라보았다.

촛불정국으로 몸과 마음이 지쳐 있을 때에도 천진한 아이들의 해맑은 웃음과 깨끗한 눈망울을 보면 마음이 차분히 가라앉곤 했다.

퇴임 하루 전에도 나는 유아방을 찾았다. 『품격 있는 아이로 키워라』라는 유아교육용 책을 어머니들에게 한 권씩 선물하고 아이들과 작별인사를 나누었다. 고사리같이 앙증맞은 손을 잡으며 건강하게 자라 나라의 기둥이 되어주기를 기원했다.

수많은 군중이 매국노 운운하며 나를 몰아세울 때에도, 티 없이 맑은 미소로 나를 맞아주고 내 품에 안기던 아이들. 나는 지금도 가끔 일손을 멈추고 언제나 나를 초심으로 돌려놓던 아이들을 떠올린다.

광화문, 나는 가야만 했다

"눈이라도 좀 붙이세요."

며칠째 잠을 이루지 못하고 뒤척이는 나에게 보다 못한 아내가 성화를 부렸다. 그러나 잠이 오지 않았다. 피로가 쌓여 자리에 누워도 잠을 이룰 수가 없었다. 눈을 감으면 촛불을 들고 거리로 몰려나오는 국민들의 모습이 눈앞에 아른거렸다.

2008년 5월 29일 수입위생조건 고시의 관보 게재 의뢰 이후 촛불시위에는 더 많은 인파가 모였고, 더욱 격렬해져 갔다.

그날 아침 당 · 정 · 청 대책회의에서 나는 고시를 연기하자고 주장했다. 국민적 반발이 큰 상황에서 고시를 강행할 경우 자칫 불에 기름을 붓는 격이 될 수도 있었다. 고시를 강행하려면 국가 비상사태를 선포할 각오를 해야 할지도 몰랐다.

그러나 늦춘다고 해서 대안이 있는 것도 아니고, 국가 신뢰만 손상시킬 뿐이라는 의견이 대세였다. 끝내 강행하자는 쪽으로 결정이 났다. 그날 오후 나는 주무장관으로서 고시안 확정과 관보게재 의뢰를 공식 발표했다.

예상대로 광우병대책회의에서 즉각 반발했고, 이에 동조해 수많은 사람들이 시위에 합류했다. 시위대의 규모가 하루가 다르게 눈덩이처럼 불어났다.

청와대에서 대통령과 국무총리, 관계장관들이 참석한 가운데 대책회의를 가진 다음 날인 6월 3일 오전 10시 30분, 나는 기자회견을 통해 30개월 이상 쇠고기의 수출 중단을 미국 측에 공식 요청하는 한편, 답신이 올 때까지 고시의 관보 게재를 유보하고 모든 검역을 중단하겠다고 발표했다.

그러한 노력에도 불구하고 시위는 들불처럼 걷잡을 수 없이 확산되었다. 시위대는 6·10항쟁 기념일을 맞아 광화문에서 100만 명이 참여하는 대규모 집회를 열겠다고 공언했다.

6월 10일, 거실의 시계가 새벽 2시를 알렸다. 베란다로 나가 창문을 열었다. 시원한 새벽공기가 밀려왔다.

멀리 시내 쪽을 바라보았다. 이 시각에도 촛불을 들고 거리를 오갈 국민들을 생각했다. 그들은 왜 집으로 돌아가지 않는가. 대통령까지 나서서 사과를 하고 국민 건강과 식탁 안전을 지키겠다고 약속을 했는데도 왜 촛불을 놓지 못하는 것일까.

결국, 불신 때문이었다. 불신의 틈을 비집고 이념까지 가세, 쇠고기와 별개의 문제들까지 용광로에 휩쓸려 훨훨 타고 있는 것이었다.

그렇다면 지금 이 시점에서 내가 해야 할 일은 무엇인가. 어떻게 하면 국민의 신뢰를 회복할 수 있을까. 밤하늘을 바라보며 고민에 고민을 거듭했다. 뿌옇게 먼동이 밝아올 무렵 나는 마음을 굳혔다.

"그래, 가자! 그것이 내가 할 수 있는 선택이다."

절대 가시면 안 됩니다

"오늘 저녁 광화문 촛불집회 현장에 나가겠습니다."

6월 10일 아침, 총리 주재 국무회의가 끝나갈 무렵 나는 그렇게 각오를 밝혔다. 순간 모든 시선이 나를 향했다.

"정부가 무슨 말을 해도 국민들은 듣지 않습니다. 이제 말로는 소통이 안 됩니다. 이성으로도 통하지 않습니다. 감정에, 정서에 호소해야 합니다. 행동으로 소통해야 합니다. 오늘 저녁 촛불집회 현장에 나가겠습니다. 나가서 국민들과 만나겠습니다."

잠시 정적이 흘렀다. 그러나 이내 여기저기서 이런저런 이야기가 나왔다.

"시위가 격렬해질 대로 격렬해졌는데, 그러다 봉변이라도 당하면 어쩔 셈입니까?"

"충돌을 빚어 다치기라도 하면 사태를 악화시킬 뿐입니다."

하나같이 반대하는 목소리뿐이었다. 그러나 대안이 없었다. 청사로 돌아온 나는 집회 주최 측에 내 뜻을 전했다. 누구나 의견을 말할 수 있다는 자유발언대에 올라 국민과 소통하겠다, 국민들이 소통을 원하니 장관이 직접 나가겠다고 이야기했다.

그러나 오후 늦게 돌아온 답변은 안 된다는 것이었다. 불상사가 일어날 수 있으니 무슨 일이 있어도 오지 말라는 것이었다.

집무실에 놓인 TV에서는 벌써 광화문 현장의 상황을 중계하고 있었다. 이미 10만이 넘는 군중이 운집했다고 했다. 저렇게 많은 국민이 모여들고 있는데, 주무장관인 내가 집무실에만 앉아 있을 수는 없었다. 나가야 했다. 어떤 봉변을 당하더라도 나가야 했다.

"가겠습니다."

결심을 굳히고 일어서자 직원들이 차례로 와서 앞을 막았다.

"장관님은 개인이 아니라 국무위원입니다. 거기가 어디라고 가시려고 하십니까?"

"주최 측에서도 불상사를 우려해 오지 말라고 거절한 마당에 무턱대고 가면 무슨 일이 벌어질지 모릅니다."

경찰청장도 전화를 걸어왔다. 도저히 경호를 할 수 없으니 가면 안 된다는 것이었다. 돌출행동을 하지 말라는 것이었다.

그러나 며칠을 고민해서 결정한 사즉생의 길이었다. 가야만 했다. 막아서는 간부들을 밀치고 밖으로 나왔다. 그리고 광화문으로 향했다.

정운천이 여기 왜 왔어!

저녁 5시경 광화문 앞 코리아나 호텔에 도착했다. 거리는 이미 촛불의 바다가 되어 있었다.

잠시 숨을 돌린 나는 7시경 자유발언 시간에 맞춰 호텔을 나섰다. 발언대는 200미터쯤 떨어져 있었다. 나는 발언대를 향해 걸음을 옮겼다. 밀려드는 인파를 헤쳐가며 한 걸음, 한 걸음 앞으로 나아갔다.

"정운천? 정운천 맞지?"

"맞아, 정운천이다!"

얼마나 걸음을 옮겼을까. 나를 알아본 군중들이 서로 소곤대는가 싶더니 이내 큰 소리로 외쳤다. 그러자 일대 소란이 일어났다. 여기저기서 군중들이 내 주위로 몰려들었다. 그렇지 않아도 혼잡한 거리가 주차장처럼 막혔다.

"정운천이 여기 왜 왔어! 매국노가 여기 왜 왔냐고!"

누군가가 그렇게 소리쳤다. 여기저기서 "매국노! 매국노!" 하며 따라 외쳤다. 물병이 날아들었다. 나는 사력을 다해 앞으로 나아갔다. 발언대가 가까이 보였다. 그러나 나를 에워싼 인파 때문에 더 이상 걸음을 옮길 수가 없었다.

"오시면 안 된다고 했는데 왜 오셨습니까? 돌아가십시오!"

소식을 들었는지 주최 측까지 몰려와 앞을 막아섰다.

"국민 여러분과 소통하기 위해 왔습니다. 자유발언대에 올라 발언하러 왔습니다."

그렇게 소리치며 나는 앞으로 밀고 나아갔다. 그러나 방어벽에 막혀 제자리걸음만 반복할 뿐이었다.

"안 됩니다! 돌아가십시오!"

그들은 내 앞길을 막아서는 데 그치지 않고 나를 밀어내기 시작했다. 나는 밀려나지 않으려고 버텼다. 한동안 실랑이가 계속되었다.

"자유발언대는 국민이면 누구나 발언할 수 있는 자리가 아닙니까? 나도 한 사람의 국민으로서 할 얘기가 있어 왔습니다!"

나는 사력을 다해 외쳤다. 그리고 완강히 버텼다. 그러나 내 목소리는 매국노를 연호하는 군중의 야유에 힘없이 묻혀버렸다. 나는 힘으로 밀어붙이는 군중들에 의해 뒤로 뒤로 밀려났다.

나는 여러 번 죽음의 고비와 절망 속에서 물러서지 않고 정면돌파로 사즉생을 한 경험이 있었다. 나는 해명이나 하자고 간 것이 아니었다. 나는 목청껏 외치고 싶었다.

"국민들이 원하는 것 이 한 몸 바쳐서라도 하겠습니다. 나는 목숨 걸고 이 자리에 왔습니다. 저에게도 아내와 아들 딸이 있습니다. 국민의 생명과 안전을 꼭 지키기 위해서 나의 모든 것을 다 내어놓겠습니다. 6·10항쟁의 거룩한 역사 앞에 죄인이 되지 않도록 내 목숨 바쳐서라도 마무리하겠습니다…"

나는 촛불에서
희망을 보았다

　1984년 대학 졸업 후 해남에서 키위 묘목을 보급할 때의 일이다. 당시 무일푼이었던 나는 친구와 선배, 지인들에게 1억 원을 빌려 뉴질랜드에서 키위 묘목을 수입, 재배 농가에 보급하고 있었다. 그러나 키위가 우리 환경에 맞지 않는다며 정부에서 부적합 판정을 내린 데다 묘목이 고사하는 사태까지 발생해 나는 졸지에 파산지경에 이르렀다.

　빌린 돈을 갚기는커녕 이자도 주지 못할 형편이 되었다. 곧 갚겠다는 약속을 지킬 수 없게 된 것이었다. 고민 끝에 나는 돈을 빌려준 사람들을 찾아갔다. 찾아가 파산해서 지금은 돈을 갚을 수 없다, 그러나 시간을 주면 목숨을 걸고 언젠가는 꼭 갚겠다고 이야기했다. 그러자 돈을 빌려준 사람들이 세상에 어떻게 그런 말을 할 수 있냐고 펄쩍펄쩍 뛰었다. 그러나 나는 빚을 갚을 수 없는데 어떤 모욕과 책임이 따르더라도 임시방편으로 넘길 수는 없었다.

그 후 나는 비닐하우스 집에 기거하면서 키워 묘목 국산화에 총력을 기울였다. 3년간의 노력 끝에 국산화에 성공해 돈을 만질 수 있었다.

선배님, 저 살아서 돌아왔습니다

나는 곧바로 빚 청산에 나섰다. 먼저 서울에서 조그만 공장을 운영하고 있는 한 선배를 찾아갔다. 연락도 없이 몇 년 만에 불쑥 나타난 나를 보자마자 선배는 대뜸 욕부터 했다. 빚을 갚지 못하겠다고 큰소리치고 간 놈이 뭐 하러 다시 왔느냐는 것이었다.

나는 선배의 심정을 충분히 이해할 수 있었다. 나를 믿고 동서의 집 살 돈을 빌려준 선배였다. 입장이 얼마나 난처했을지 보지 않아도 알 수 있었다. 그 일로 부인과 이혼 직전까지 갔다는 얘기를 후에 들은 적이 있다.

그런 선배 앞에 내가 나타났으니 울화가 치밀어 오르는 것은 당연한 일이었다. 그러나 나는 의기양양했다. 빚을 갚으러 갔기 때문이었다.

"선배님, 저 살아서 돌아왔습니다!"

나는 선배에게 두 개의 봉투를 내밀었다. 하나는 원금 3,000만 원이 담긴 봉투였고, 또 하나는 3년 동안의 이자 2,700만 원이 든 봉투였다. 선배 부인은 봉투를 확인하고는 대성통곡을 했다. 얼마나 많은 고통을 당했으면 그럴까 생각하니 가슴이 저렸다. 그렇게 빚을 다 청산하느라 나는 서른넷의 나이가 되어서야 결혼을 할 수 있었다.

광화문 집회 현장을 찾았다가 시위대에 가로막혀 되돌아오는 차 안에서 나는 오래 전의 그 일을 떠올렸다. 그만큼 신뢰를 중요하게 여기며 살아왔는데…, 신뢰를 저버리는 일은 견디지 못하는 성격인데…, 그래서 광화문 현장을 찾았는데…, 발언대에 서보지도 못하고 되돌아가는 마음이 안타깝기 그지없었다.

광화문에서 소통은 못했지만

그러나 후회나 원망은 없었다. '매국노' 소리를 듣고 앞을 가로막혀 물러나왔지만 주무장관으로서 해야 할 일을 했다는 생각뿐이었다. 국민과의 신뢰 회복을 위해 죽기를 각오하고 현장을 찾아간 것인 만큼 국민들 또한 언젠가는 그런 내 진심을 이해해 줄 것이라고 믿었다.

나는 어떠한 위기에서도 두려움보다는 오히려 기회와 희망을 만들면서 살아왔다. 이 촛불 속에도 희망의 불빛이 있을 거라고 믿었다. 그것은 바로 안전하고 질 좋은 농식품을 바라는 국민들의 뜨거운 마음이 아니겠는가.

촛불을 들고 거리로 몰려나온 수십만의 국민들은 안전하고 품질 좋은 먹을거리를 보장받기 위해 촛불을 들고 거리로 뛰쳐나온 것이었다.

물론 그중에는 실체도 없는 광우병 공포를 조장하고 이용한 사람들도 적지 않다. 그러나 대다수 국민들의 촛불 속에는 우리 농식품에 대한 뜨거운 관심과 애정이 녹아 있을 것이었다.

수십만의 국민들이 치켜든 농식품에 대한 애정. 그것은 우리 농식품산업에 더할 수 없는 힘이요, 에너지였다. 이 뜨거운 에너지를 제대로 활용한다면 우리 농식품 산업을 최고로 만들 수도 있을 것이었다.

2002년 6월, 우리는 전 국민의 에너지를 한데 모아 월드컵 4강이라는 신화를 창조했다. 수많은 국민이 붉은 티셔츠를 입고 한 마음, 한 목소리로 외쳐댄 "대한민국!"의 뜨거운 기운이 신화 창조의 원동력이었음은 누구나 인정하는 사실이다.

마찬가지라는 생각이 들었다. 수십만의 국민이 치켜든 촛불의 기운을 한데 모아 매진한다면 농식품산업 또한 새 역사를 창출할 수 있을 것이었다.

그렇다면 하루빨리 신뢰를 회복해 국민들이 치켜 든 촛불의 에너지를 농식품 발전의 원동력으로 승화시켜야 했다. 그것이 주무장관인 내게 주어진 또 하나의 과제였다. 나는 그 과제를 가슴속 깊이 새겼다.

광화문에서 국민과 소통하겠다는 당초의 뜻은 이루지 못했지만 촛불 속에서 새로운 희망을 만들어내겠다는 다짐을 하는 계기가 되었다.

퇴임 후 나는 곧바로 현장순례의 길을 가게 되었고 거기에서 할 일을 찾았다.

농업을 살리는 방안들을 농업 현장에 접목시키고 순회강연을 하면서 희망을 만들어내게 되었다.

소통과 대화의 상징 달걀

2008년 6월 12일, 정부는 농식품부 제2차관과 청와대 외교안보수석을 미국에 급파했고, 13일에는 통상교섭본부장을 파견해 추가협상을 진행했다. 일주일간의 협상 끝에 QSA(한국 수출용 30개월 미만 증명 프로그램)를 통해 30개월 이상의 쇠고기는 수출을 금지하기로 합의하고 이를 협정문에 반영했다. 그리고 6월 26일 이러한 내용을 추가한 고시를 관보에 게재함에 따라 개정된 수입위생조건이 공식 발효되었다.

촛불시위도 추가협상을 계기로 진정국면에 접어들었고, 고시 발효와 함께 가라앉았다. 일부 과격 시위대가 유통을 막겠다고 냉동창고를 봉쇄하는 등 실력행사에 나서기도 했지만 대세를 거스르지는 못했다.

나는 비로소 긴 숨을 내쉬었다. 협상 시작부터 PD수첩 파동, 쇠고기 청문회, 해임건의안 표결, 지방자치단체장들의 정책 지지 성명 파동, 광화문 현장 방문, 그리고 추가협상까지…. 정말 길고 긴 터널을 빠져나온 느낌이었다. 몇 년, 아니 수십 년처럼 느껴진 두 달 보름이었다.

그러나 이제 시작일 뿐이었다. 수입이 재개된 만큼 철저한 검역과 유통 관리가 무엇보다 중요했다.

원산지표시가 관건이었다. 원산지를 정확히 표시해야 둔갑판매를 방지하고, 둔갑판매를 방지해야 한우는 한우대로 수입육은 수입육대로 판매될 것이었다. 원산지표시 시스템이 구축되어야 한우산업은 고급화로 경쟁력을 높이고, 소비자는 원하는 가격과 품질의 육류를 선택해 소비할 수 있을 것이었다. 대통령에게 강력히 건의해 원산지표시제를 전국의 모든 음식점으로 확대 시행한 것도 그 때문이었다.

내가 도둑고양이입니까

6월 27일, 나는 대전으로 향했다. 국립농산물품질관리원 대전지원에서 열리는 원산지표시 관계기관 간담회에 참석해 일선기관의 참여와 협조를 독려하기 위해서였다. 원산지표시제의 성패는 현장에서 직접 지도하고 단속하는 일선기관의 역할에 달려 있었기 때문이다.

"장관님, 대전지원에서 연락이 왔는데요."

차가 대전 인터체인지 가까이 다다랐을 때였다. 수행비서가 누군가와 한참 통화를 하더니 나를 돌아보며 말끝을 흐렸다. 얼굴 표정이 굳어 있었다.

"무슨 일입니까?"

"대전지역 시민단체 회원들이 정문을 막고 있답니다. 시위대를 피해 후문으로 들어오시는 게 좋겠답니다."

수행비서는 내 눈치를 살펴가며 대전지원 관계자의 말을 전했다.

"내가 무슨 도둑고양이입니까, 후문으로 몰래 들어가게요? 나는 지금 공무 수행 중입니다."

보름 전 나는 내 발로 광화문 촛불집회 현장을 찾았다. 지금도 그때의 심정과 다르지 않았다. 정문을 막아선 그들과 만나 대화하고 소통하고 싶었다.

나는 국립농산물품질관리원 정문으로 향했다. 시위대가 야유를 보내며 앞을 막아섰다. 실랑이가 벌어졌다. 들어가려는 나와 수행원, 그리고 막아서는 시위대가 몸과 몸으로 부딪혔다. 누군가가 내 옷을 잡아당겼다. 양복이 찢겨나갔다. 누군가의 팔꿈치가 내 안경을 밀쳤다. 안경이 땅에 떨어져 알이 깨졌다. 그렇게 밀고 밀리는 실랑이가 한 시간 가까이 계속되었다.

결국 정문을 통과해 안으로 들어섰지만 내 몰골은 말이 아니었다. 양복은 찢어져 너덜너덜하고, 머리는 아무렇게나 헝클어졌다. 안경이 깨져서 잘 보이지 않았다.

떨어진 와이셔츠의 단추를 달고 곧바로 회의를 진행했다. 나는 원산지표시의 중요성을 강조하고 관계기관이 유기적으로 협조해 조기에 정착시켜 줄 것을 간곡히 요청했다.

시위대가 준 달걀

"시위대가 아직까지 정문 앞에 버티고 있습니다. 그냥 나가시기는 어려울 것 같습니다. 뒷문으로 나가시든지, 아니면 시위대를 모두 연행하겠습니다."

회의가 끝나자 경찰서장이 다가와 보고했다. 정문으로 들어올 때 벌어진 불상사에 책임을 느꼈는지 경찰력을 강화해 만일의 사태에 대비하고 있었다.

한 시간의 실랑이 끝에 들어온 정문이었다. 또다시 그런 실랑이를 벌일 수는 없었다. 경찰력을 동원해 연행하는 것도 내가 바라는 일이 아니었다.

진퇴양난이었다. 뒷문으로 나갈 수도 없고, 그렇다고 시위대를 모두 연행하고 편하게 갈 수도 없었다. 고민 고민 끝에 경찰서장을 불렀다.

"시위대 대표에게 전하십시오. '정운천 장관이 6월 10일 광화문에 나가 대화를 원했지만 하지 못했다, 여기서도 대화를 원한다, 그러니 대화를 해라, 그렇지 않으면 모두 연행하겠다' 그렇게 제안하십시오."

얼마 후 시위대 쪽에서 확성기에 대고 외치는 소리가 들렸다.

"정운천 장관이 대화를 하자고 합니다! 매국노 정운천이 대화를 하자고 합니다! 대화를 합시다!"

나는 찢어진 양복을 들고 와이셔츠만 입은 채 정문으로 나갔다. 시위대 대표가 주위를 에워싸고 있는 경찰병력을 철수시켜야 대화에 응하겠다고 버텼다.

"나는 경찰서장이 아니니 철수시킬 권한이 없습니다. 그리고 경찰은 국무위원인 나를 보호하고 치안을 유지할 권리와 의무가 있습니다. 그러니 여러분과 대화하는 데 지장이 없도록 30미터 뒤로 물러나도록 요청하겠습니다."

경찰병력이 정문에서 한 걸음 물러선 다음 대화가 진행되었다.

나는 협상에 임한 정부의 입장과 진행과정을 사실 그대로 설명했다. 국민들께 미리 좀 더 상세히 알리고 이해를 구하지 못한 점에 대해 사과를 했다. 국민 건강과 식탁 안전을 최우선으로 했다는 점도 사례를 들어 설명했다. 원산지표시제를 확고히 정착시켜 '수입산 한우' 둔갑판매를 근절하고 소비자의 권리를 지키겠다는 의지도 피력했다. 나는 내가 보일 수 있는 진정성을 다 내보였다.

대화가 끝나갈 즈음 한 아이가 손에 무엇인가를 들고 와 내게 내밀었다. 달걀이었다. 시위대 속에서 아이의 엄마인 듯한 한 아주머니가 내게 주라고 눈짓을 했다.

나는 가슴이 찡했다. 그동안 내가 겪은 모멸감이 치유되는 것 같았다.

'아이야, 네 건강을 꼭 지켜주마.' 달걀을 건네주고 돌아서는 아이의 뒷모습을 바라보며 내 자신에게 다짐했다.

지금 우리 집 거실 책장 한가운데에는 '달걀'이 하나 놓여 있다. 그때 아이가 건네준 바로 그 달걀이다. 갈등과 대립을 소통과 화해로 바꿔놓았던 그날의 대화, 그것을 상징하는 달걀을 오래도록 간직하고 싶었다. 그래서 달걀 위아래에 구멍을 내 내용물을 빼낸 다음 박제처럼 만들어 책장 안에 소중하게 넣어놓았다. 받침대에는 '달걀 세례에서 대화와 소통으로'라는 글귀를 적어놓고 스스로 그날의 의미를 되새기고 있다.

둔갑판매를 뿌리 뽑아라

"문제는 둔갑판매입니다. 값싼 수입육을 한우로 속여 팔기 때문에 한우 소비가 줄고 이미지가 나빠져 경쟁력도 떨어집니다. 둔갑판매를 뿌리 뽑아야 합니다. 그래서 한우는 한우대로 수입육은 수입육대로 사고팔게 해야 합니다. 그렇게 하면 한우는 30퍼센트 이상 새로운 시장 창출 효과가 있습니다. 미국산 쇠고기가 들어와도 해볼 만합니다."

미국과의 쇠고기 협상을 앞두고 마련한 간담회에서 축산단체장들은 그렇게 제안했다. 수입 재개가 어쩔 수 없는 현실이라면 둔갑판매만이라도 철저히 근절시켜야 한다는 것이었다.

같은 생각을 하고 있던 내게 그들의 제안은 큰 힘이 되었다.

쇠고기 원산지표시제는 사실 몇 년 전 도입된 제도였다. 그러나 음식점의 반발이 심한 데다 단속이 어렵다는 현실적인 문제로 인해 시행에 어려움이 많았다. 이 제도는 100m² 이상의 대형 음식점을 대상으로 '구이용'에 한해 시행되었다. 음식점의 대부분을 차지하는 중소규모 식당과 단체급식소 같은 대량 수요처가 제외되었으니 원산지표시제를 시행한다 해도 그 효과가 미미할 수밖에 없었다.

나는 전면 시행을 생각했다. 쇠고기를 재료로 사용하는 모든 음식점에 이 제도를 확대 적용해 고질병인 둔갑판매를 뿌리 뽑아야 한다고 생각했다.

2008년 4월 1일, 대통령 주재로 열린 관계장관 대책회의에서 나는 전면 시행을 강력히 제안했다.

그러나 반대도 만만치 않았다. 64만여 개소에 달하는 모든 음식점으로 확대하는 것이 현실적으로 불가능하다는 지적이 제기되었다. 영세 음식점의 반발, 지도와 단속에 필요한 행정력과 재원, 위반업소에 대한 조치…. 고려하고 준비해야 할 사항이 너무나 많았다.

그러나 나는 지금은 비상시국이라는 점과 지금이야말로 이 제도를 전면 시행할 수 있는 적기라고 국무회의와 대책회의가 열릴 때마다 강조했다.

결국 내 주장이 받아들여졌다. 그리고 나는 필요한 법적 절차를 거쳐 원산지표시제를 전면 시행했다. 휴게소 음식점과 단체급식소 같은 대량 수요처를 포함해 전국의 모든 음식점에서 원산지를 표시하게 했다.

쇠고기 덕 본 김치

대상품목도 확대했다. 쇠고기 · 닭고기 · 돼지고기 등 육류는 물론 쌀과 배추김치까지 포함시켰다. 음식점에서 취급하는 주요 식재료는 전부 대상이 된 셈이다. 쇠고기와 쌀은 6월 22일부터, 닭고기 · 돼지고기 · 배추김치는 12월 22일부터 시행되었다. 국회에서도 여야 합의로 최단 시일 내에 법을 통과시켰다.

제도의 조기 정착을 위해 단속대책도 마련했다. 국립농산물품질관리원의 특별사법경찰을 기존 400명에서 1천 명으로 확대하고, 1만여 명의 시민감시단도 적극 활용하게 했다. 지자체와 경찰 등 정부기관과의 합동단속체제도 구축했다. 신고 포상금제를 도입해 국민들 또한 감시원으로 참여할 수 있게 했다. 실현 가능한 모든 방안을 강구했다.

그로부터 1년이 지났다. 쇠고기 수입 재개 초기 한때 가격이 하락하는 등 불안정한 모습을 보였던 한우산업은 시간이 지나면서 안정을 되찾았다.

다만 한우와 육우를 구분 판매함에 따라 육우 가격이 하락했다. 50만 원 하던 육우 송아지 가격이 5만 원으로 떨어졌다. 육우를 젖소고기로 생각하는 소비자들의 잘못된 인식 때문이었다. 그런 만큼 지금은 육우가 젖소 암놈이 아니라 젖소의 수놈이라는 사실을 적극적으로 알려야 할 시점이다.

닭고기와 돼지고기도 원산지표시제 시행 전에 비해 일정 수준 상승한 가격이 안정적으로 유지되고 있다.

이 제도의 효과가 특히 두드러진 것이 배추김치였다. 시행 전에는 육안으로 구별이 어려운 중국산이 범람해 배추 가격이 폭락하는 등 생산농가가 큰 피해를 입었다. 그러나 원산지표시제가 시행되자 음식점에서는 소비자들이 선호하는 국내산 배추를 쓸 수밖에 없었고, 그 결과 국내산 배추는 안정된 가격을 꾸준히 유지하고 있다.

원산지표시제는 신뢰받는 식문화 정착에도 크게 기여했다. 음식점에서는 원산지를 정확히 표시해 소비자의 신뢰를 확보하고, 소비자는 가격과 기호에 따라 원하는 것을 믿고 선택할 수 있게 되었다.

정운찬 총장님,
죄송합니다

2008년 9월 11일, 나는 서울대학교에 전화를 걸었다. 정운찬 전 서울대 총장과 연락을 취하기 위해서였다. 서울대학교 관계자는 정운찬 교수가 연구 활동차 미국에 머물고 있다고 알려주었다.

나는 정운찬 전 총장을 한 번도 만난 적이 없었다. 전화 통화를 한 적도 없었다. 그러나 나는 그에게 진심으로 미안하고 송구했다.

나는 정 전 총장의 이메일 주소를 알아내 '송구함 속에서 이 글을 드립니다'라는 제목의 이메일을 보냈다.

정운찬 교수님!

정운천입니다.

8월 6일 장관직에서 물러났고 9월 5일 청문회를 끝으로 정부 일에서 물러났습니다.

모든 책임을 안고 물러났습니다만 딱 마음에 걸리는 분이 정운찬 교수님이었습니다. 이름이 비슷하다는 이유로 교수님 명예에 흠이 나는 것이 안타까웠습니다. 제가 방어할 수 있는 범위를 벗어나는 일이었기에 어떠한 조치도 취할 수 없었습니다. (중략)

저와 이름이 비슷해 비난을 받은 사실에 대해서 송구스럽게 생각합니다. 이렇게 서신으로라도 제 마음을 전하는 것이 도리라 생각하고 이 글을 드립니다.

정운천 드림

나와 이름이 비슷한 정운찬 전 서울대 총장. 그는 2008년 촛불정국 때 나로 오인한 사람들로부터 '뭇매'를 맞았다.

특히 많은 네티즌이 정 전 총장이 농식품부장관인 줄 알고 그와 나를 동일시했다. 그에 대한 비난이 줄을 이었다. 그의 이름은 정운찬이고 내 이름은 정운천이니, 헷갈리기에 딱 좋을 만큼 비슷하다.

심지어 정운찬 전 총장과 관련된 기사가 실리면 네티즌들은 그 기사를 보고 '매국노'니 '나라를 팔아먹은 사람'이니 하는 악성 댓글을 달기도 했다.

정 전 총장이 나와 이름이 비슷해서 생긴 해프닝치고는 그의 명예에 적잖이 타격을 미친 것 같아 마음이 편치 않았다. 참 난감한 상황이었다.

어느 날 비서관이 내게 이런 보고를 했다.

"장관님, 정운찬 전 서울대 총장님이 장관님인 줄 알고 네티즌들이 읽기 민망할 정도로 심한 댓글을 달아놓았습니다."

촛불집회가 한창일 때였다. 나 또한 직접 인터넷에서 정 전 총장을 향한 악성 댓글들을 확인했다.

장관직에서 물러난 후 전국순례를 하는 중에도 가장 마음에 걸리는 사람이 바로 그분이었다.

2주일 뒤 정 전 총장에게서 답장이 왔다.

메일을 늦게 읽은 모양이었다. 정 전 총장은 자신이 박사학위를 받은 프린스턴대학교에서 공개 특강을 준비하고 강의하느라고 바쁜 나날을 보내고 있다고 했다.

그는 "우선 육신과 정신을 국익과 역사에 맡기고 일하시다가 재야로 돌아오신 장관님께 한편으로는 나라를 위해 일해 주셔서 감사드리고, 다른 한편으로는 원래 계시던 농업 현장으로 돌아오셨으니 축하드립니다"라면서 "제 명예에 흠 나는 일은 없었고, 오히려 지명도가 올라갔다는 말씀 드리고 싶습니다"라고 답했다.

정 전 총장은 분명 촛불정국에서 여론의 뭇매를 맞으면서 내가 그 점을 미안해하자 오히려 나를 위로하고 배려하기 위해 그런 답장을 보낸 것이라는 생각이 들었다.

4

가자,
밀물시대로

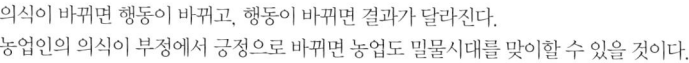

의식이 바뀌면 행동이 바뀌고, 행동이 바뀌면 결과가 달라진다.
농업인의 의식이 부정에서 긍정으로 바뀌면 농업도 밀물시대를 맞이할 수 있을 것이다.

누가 농업의
위기를 말하는가

나는 전북 고창군 부안면 인촌마을에서 태어나 대학에 진학할 때까지 20년 남짓 그곳에서 살았다.

고향을 추억할 때면 자연스럽게 떠오르는 얼굴이 있다. 인촌 김성수 선생이다. 부통령을 지낸 인촌 선생은 동아일보, 고려대학교, 한민당을 만들고 정치·경제·교육 등 여러 분야에서 나라의 기초를 닦는 데 공헌하신 분이다.

인촌 선생의 조부가 전남 장성에서 인촌 정씨 가문으로 장가를 왔다. 인촌 선생 가문의 기반을 세운 인물이 바로 정씨 할머니다. 그분은 해진 옷을 백번 기워 입는 검소함으로 김씨 집안을 일으키셨다고 한다. 지금도 인촌 선생 가(家)에서는 그분을 '백결(百結)선생'이라 칭

송하고 가문의 귀감으로 삼고 있다고 한다.

인촌 선생 집안이 고창을 떠나면서 생가를 돌볼 사람이 없자 사돈 관계인 나의 선친께 관리를 맡겼다. 선친은 인촌 선생의 생가에서 기거하면서 관리하셨는데, 그때 선생이 태어나신 바로 그 방에서 어머니가 나를 출산하셨다는 것이었다.

그런 인연 때문인지 나는 어려서부터 선생의 사상에 관심이 많았다. 자라서는 선생이 설립한 고려대학교에서 수학했으니 선생의 사상에 젖어서 살았다고 해도 좋을 것이다.

내가 농업 분야에 투신한 것도 어떤 면에서는 선생의 영향 때문이라고 해도 과언이 아니다.

"인생의 진로를 결정할 때 가장 첨단을 달리는 곳이나 아니면 가장 낙후된 곳을 우선적으로 고려하라. 그만큼 성공의 여지가 많고 개발의 잠재력이 크기 때문이다."

후학들에게 주었다는 선생의 이 금언은 대학 졸업 후 내가 직업을 선택하는 데 큰 영향을 미쳤다.

선생이 좌우명으로 삼았던 선공후사(先公後私: 공적인 일을 먼저 하고 사사로운 일은 뒤로 미룸)의 정신 또한 내가 인생의 중요한 순간마다 판단하고 결정하는 기준이 되었다. 울돌목에서 이순신 장군을 만나기 전까지 내 인생의 멘토는 인촌 김성수 선생이었다.

그러나 고향 하면 가난이 먼저 떠오른다. 할아버지 대에는 만석꾼 소리를 듣는 가문이었는데, 아버지가 돌아가신 후 형님이 가문을 일으켜 세우겠다면서 무리하게 사업을 벌였다가 실패하는 바람에 집안이 기울었다.

고교 시절에는 기거할 곳이 없어 친구 집에서 기숙했다. 그래도 자존심 때문에, 내가 친구 집에 얹혀사는 것이 아니라 친구 부모님이 나를 초빙하는 방식을 택하도록 '유도' 했다. 지금도 생각하면 가슴이 저려오는 시절이었다.

대학 진학에 실패해 재수할 때에는 상황이 더 심각했다. 빚쟁이들에게 시달려 초췌해진 어머니, 그러나 자식 앞에서는 내색 한 번 안 하시고 늘 당당한 모습을 보이셨던 어머니의 얼굴이 지금도 눈에 선하다.

어렵게 공부하던 그 시절, 마음이 울적하고 답답할 때마다 나는 집 뒤 야트막한 동산에 오르곤 했다. 뒷산 바위에 걸터앉아 멀리 변산반도 앞바다를 바라보고 있으면 마음이 편안해졌다. 산 위에서 바라보는 바다는 무척 아름다웠다. 병풍처럼 둘러싼 변산반도 사이로 뻗어나간 쪽빛 바다, 그 바다가 하늘과 맞닿아 만들어내는 수평선, 그 위를 지나가는 고기잡이배는 그대로 한 폭의 풍경화였다.

특히 밀물이 밀려오면 황량한 뻘밭에 푸른 물결이 출렁거렸다. 그 넘실대는 물결에선 활력과 풍요가 넘쳐났다. 그 밀물을 바라보노라면 내 마음도 희망과 기대로 부풀어 올랐다.

그러나 가까운 해안으로 눈을 돌리면 바다는 완전히 다른 모습으로 다가왔다. 썰물이 빠져나간 바다는 폐허가 된 마을 같았다. 넘실대던 물결은 온데간데없고 온통 시꺼먼 뻘밭뿐이고 마음까지 스산해졌다.

어느 날이었다. 그날도 뒷동산에 올라 바다를 바라보았다. 태양이 서쪽으로 기우는데 밀물이 밀려오고 있었다. 때마침 사리인지라 물결이 크고 힘이 넘쳤다.

춤을 추듯 일렁이며 다가오는 물결 위로 햇살이 내리비쳤다. 순간 바다는 눈부신 금빛 물결로 출렁거렸다. 구름 사이로 쏟아지는 햇살과 바닷물이 어우러져 만들어낸 거대한 황금물결과 수없이 교차하는 햇살의 조화. 온 바다가 황금물결로 요동쳤다. 숨이 막혔다. 가슴이 터질 것처럼 부풀어 올랐다. 나도 모르게 자리를 박차고 일어섰다.

'바로 이거다! 나도 저렇게 살 것이다! 저 밀물처럼 살겠다!'

온몸에 전류가 흐르듯 짜릿했다.

'그렇다! 지금은 어렵고 힘들지만 언젠가는 저 밀물처럼 약동하는 삶을 살 것이다!'

목판에 글귀를 새기듯 나는 내 가슴에 그날의 각오를 새겨놓았다.

그날 이후 나는 '황금빛 밀물'을 가슴에 품고 살았다. 대학에 합격한 후 등록금 마련이 어려워 몸부림 칠 때도, 교통사고로 죽음의 길목에 서 있을 때도, 시장 개방으로 키위산업이 붕괴될 위기에 처했을 때도, 화마와 태풍이 나의 삶의 터전과 모든 것을 앗아갔을 때도, 나는 결코 희망의 끈을 놓지 않았다. 그때마다 가슴 속에 새긴 '밀물'이 되살아나 내게 용기를 주고 힘을 주었다.

농업의 밀물시대를 꿈꾸며

장관으로 내정되었다는 전갈을 받고 내 가슴속에는 어린 시절 고향 뒷동산에서 바라본 밀물의 감격이 되살아났다. 우리 농업에도 황금물결을 일으켜야 한다는 생각에 가슴이 두근거렸다.

사실 지금까지의 우리 농업은 썰물의 시대였다. 국제경쟁에 밀려 농업은 침체를 벗어나지 못했고, 젊은이들이 떠난 농촌은 썰물이 빠져나간 갯벌처럼 황량하기만 했다. 불신과 부정, 좌절과 패배의식만이 난파선처럼 널브러져 있었다. 많은 전문가들이 농업의 위기를 이야기했다.

그러나 내 생각은 다르다. 절망이라 말하면 절망이 되고, 희망을 꿈꾸고 노래하면 희망이 된다. 부정과 불신 속에 어떻게 창조가 있겠는가. 좌절과 패배의식이 팽배한 가운데 어떻게 희망을 이야기할 수 있겠는가.

의식이 바뀌면 행동이 바뀌고, 행동이 바뀌면 결과가 달라진다. 농업인의 의식이 부정에서 긍정으로 바뀌면 농업도 밀물시대를 맞이할 수 있을 것이다.

농업에 대한 썰물 이미지를 밀물 이미지로 바꾸는 것, 그것이야말로 농식품부장관으로서 내가 해야 할 가장 시급한 과제이자 사명이라는 생각이 들었다.

나는 밀물시대를 농정의 기본방향으로 설정하고 취임사를 통해 농업의 밀물시대를 열어가겠다고 선언했다. 긍정과 신뢰, 희망, 창조의 농정으로 농업의 패러다임을 바꾸어가겠다고 다짐했다.

통일벼의 등장과 퇴장

각 나라의 화폐에는 그 나라를 대표하는 인물이나 문화재 등이 새겨져 있다. 우리나라도 그렇다. 세종대왕과 율곡 이이, 퇴계 이황 같은 위인들과 혼천의, 다보탑 같은 대표적인 문화재가 새겨져 있다.

그런데 특이한 문양이 하나 있다. 50원짜리 주화 뒷면에 새겨져 있는 벼이삭이다. 정확히 말하면 통일벼 이삭이다.

통일벼라고 하면 보릿고개를 경험한 세대는 대부분 고개를 끄덕일 것이다. 1970년대 민족의 숙원이었던 식량자급을 이루게 한 녹색혁명의 원동력이 바로 통일벼임을 기억하기 때문이다.

그러나 요즘 젊은이들에게는 통일벼라는 이름조차 생소할 것이다. 1984년을 마지막으로 이 땅에서 자취를 감추었기 때문이다. 통일벼는 식량자급을 이룩하는 데 결정적인 역할을 했다. 그러나 소출이 많은 반면 밥맛은 떨어지는 탓에 배고픔에서 해방된 이후에는 더 이상 찾는 사람이 없어 역사의 뒤안길로 사라진 품종이었다.

통일벼의 등장과 퇴장은 우리 농업 역사에서 중요한 분수령이다. 건국 이래 5천 년 동안 계속되었던 공급부족의 시대는 통일벼의 등장과 함께 자급시대로 바뀌었고, 통일벼의 퇴장과 함께 과잉시대로 바뀌었다.

공급부족시대에서 공급과잉시대로 바뀌는 순간 농업정책도 180도 바꿔야 했다. 주체, 범위, 가치 등 농업의 모든 패러다임을 공급과잉시대에 맞게 변화시켜야 했다.

그러나 우리 농업은 그렇지 못했다. 공급과잉시대로 바뀌었는데도 농업의 틀과 패러다임은 공급부족시대의 것을 그대로 답습했다. 정책이 그랬고, 농업 종사자들의 의식도 마찬가지였다.

공급과잉시대 게임의 룰

오늘날 우리 농업이 직면한 위기는 이 같은 괴리에서 비롯되었다. 따라서 농업의 위기 극복은 공급과잉시대에 맞게 농업의 틀과 시스템을 새롭게 구축하는 일에서 시작되어야 한다.

첫째, 농업의 주체가 달라져야 한다.

공급부족시대에는 정부가 주체였다. 국민의 먹을거리가 부족하니 정부가 발 벗고 나서서 해결해야 했다. 비료와 농약을 보급하여 식량 증산을 독려하고 반강제적으로 통일벼를 심게 했다. 한 톨의 쌀이라도 더 생산하기 위해서였다.

그러나 공급과잉시대로 접어들면 주체가 달라져야 한다. 생산한 사과를 '어떻게 판매할 것인가'가 더 중요한 문제가 된다. 그러나 이는 정부가 해결할 수 있는 사안이 아니다. 생산자 스스로 주체가 되어 판매까지 책임지고 해결해야 한다. 그렇지 않으면 뒤처지고 도태된다.

둘째, 농업의 범위가 달라져야 한다.

공급부족시대에는 생산에만 신경을 쓰면 되었다.

그러나 공급과잉시대에는 그렇지 않다. 생산한 것이 소비자 마음에 들도록 포장도 하고 가공도 해야 한다. 그래야 소비자가 구매한다. 따라서 생산은 물론 유통 · 가공 · 판매 · IT · BT · 문화관광까지 접목하는 제반 과정이 모두 농업의 범위가 된다.

셋째, 농업의 중심이 달라져야 한다.

공급부족시대에는 생산자가 왕이었다. 품질이 다소 미흡해도 공급이 부족하니 생산만 하면 소비는 신경 쓰지 않아도 되었다. 정부가 수매해서 국민 식량을 조절했다.

그러나 공급과잉시대에는 생산자가 왕이 될 수 없다. 생산자는 소비자의 마음을 얻고, 소비자의 요구에 부응해야 한다. 공급과잉시대는 한마디로 소비자가 왕인 시대라고 할 수 있다.

넷째, 농업의 가치가 달라져야 한다.

공급이 부족한 시대에는 양이 우선이었지만 공급과잉시대에는 품질이 중요하다. 소비자는 안전성, 기능성, 편의성을 고려해 상품을 선택한다.

농업정책 또한 마찬가지다. 공급과잉시대에 맞게 수립되고 추진되어야 한다. 정부 중심에서 농업인과 농업인조직 중심으로 전환되어야 한다. 생산자 못지않게 소비자를 고려해야 한다. 생산에서 유통·저장·포장·가공·수출까지의 제반 과정을 두루 포괄해야 하고, 안전성, 기능성, 편의성 등 품질과 서비스를 중시하는 정책으로 전환되어야 한다.

나는 취임사에서 개혁의 뜻을 밝혔다. 농업과 식품을 통합한 농식품산업의 육성, 1차산업인 농업을 2차, 3차 산업과 연계하는 6차산업화, 수요자 중심의 현장 농정 등을 통해 농업의 틀을 시대상황에 맞게 바꿔나가겠다는 정책의지를 천명했다.

그리고 이를 실현할 구체적인 정책으로 5대 미래전략과제를 제시했다. 시·군 단위 유통회사 설립, 대규모 농어업회사 육성, 각 품목별 국가대표조직 육성, 농어촌뉴타운 조성, 농식품 유통고속도로 구축 등 5대 전략과제를 통해 공급과잉시대, 무한경쟁시대에 맞는 농업의 새로운 틀을 만들어냈다.

사람과 조직의
새로운 패러다임

1994년, 나는 허신행 당시 농수산부장관에게 학사개척농제도를 제안했다. 농대 졸업생 중에서 품목별로 500명씩 5년 동안 2,500명의 학사개척농을 육성해 농촌 곳곳으로 내려보내자는 것이 골자였다. 농업인구의 고령화를 극복해야 농업이 발전할 수 있다는 신념에서였다.

허신행 장관은 내 제안을 받아들여 의욕을 가지고 추진했다. 그러나 그해 쌀시장 개방에 대한 책임을 지고 물러나는 바람에 시행에 들어가기도 전에 흐지부지되고 말았다. 장관이 바뀌자 정책이 달라진 것이다.

그때 2,500명의 학사개척농을 육성했더라면 지금쯤 농업 각 분야에서 중추적인 역할을 하고 있을 것이고, 그러면 우리 농업의 현실도 지금과는 많이 달라져 있었을 것이다.

그로부터 15년이 지난 지금도 젊은 농업 인력의 부족은 시급한 현안으로 남아 있다. 지금 우리 농촌에서 가장 필요로 하는 인력은 30~40대 젊은이들이다.

귀농을 생각하는 도시 젊은이들이 있다. 그러나 자녀교육 때문에, 생활이 불편해서, 활기가 없고 친구도 없어서 내려오기가 어렵다. 그러니 이들을 유치하려면 경제활동을 위한 여건은 물론이고 주거, 교육, 친교 등의 문제를 해결해 주어야 한다.

왜 농어촌뉴타운인가

결혼 후 나는 해남에서, 아내는 서울에서 교사로 활동하며 떨어져 살다가 아내가 첫 아이를 출산하자 해남으로 내려와 1년 6개월 남짓 함께 생활했다. 그러나 남편과 시어머니 외에는 아는 사람이 없었다. 젊은이들은 다 도시로 떠나고 없어 아이를 키우면서 육아 정보를 함께 나눌 사람이 없었다. 친구는 말할 것도 없었다. 더구나 우리 집은 읍내에서도 15킬로미터나 떨어진 두륜사 아래 있어 변변한 문화 시설도 없었다.

나는 나대로 키위의 수입개방에 대처하기 위해 뉴질랜드로, 미국으로 출장을 떠나면 일주일씩 집을 비우곤 했다. 아내는 우울증에 시달린 적도 있다.

당시 나는 도시 못지않게 주거, 자녀교육, 문화 등 인프라를 구축하면 농촌을 떠나는 젊은이도 줄어들고, 또 도시에서 내려올 젊은이들도 많아질 텐데 하는 아쉬움이 몹시 컸다.

그래서 내가 구상한 것이 농어촌뉴타운이다. 중소도시 수준의 생활이 가능한 새로운 형태의 농촌마을, 주거환경과 교육여건이 완비된 '농어촌 속의 도시'를 만드는 것이다. 농어촌뉴타운을 조성하는 동안 귀농 희망자에게 농업 전문 교육을 시켜 농업 주체로 육성하는 것이다.

"장관님, 도시에 건설하는 임대주택 5만 호만 농촌에 주십시오. 젊은이들이 농촌에 돌아와 살 수 있는 여건을 만들어주어야 농업이 살아납니다. 앞으로 100개 시·군에 5년 동안 5만 호를 건설하고 싶습니다. 도와주십시오."

나는 국무회의 중간 휴식 시간에 국토해양부장관에게 농어촌뉴타운 건설의 필요성을 설명하고 필요한 재원을 지원해 달라고 요청했다. 농촌을 살리기 위해서는 농어촌뉴타운 정책이 하루빨리 실현되어야 한다는 생각에 마음이 조급했던 것이다.

"장관님, 그 얘기 저에게 몇 번째 하신 줄 아십니까? 지금까지 일곱 번 하셨습니다. 일곱 번."

국토해양부장관이 되물었다.

"오죽하면 이러겠습니까. 장관님, 일곱 번 아니라 될 때까지 계속할 겁니다."

내가 국토해양부장관보다 나이가 아래여서 형님을 모시는 마음으로 간청한 것이다. 국토해양부장관은 웃으면서 "알겠습니다. 검토하겠습니다"라고 대답했다.

농어촌뉴타운을 성공적으로 정착시키려면 먼저 교육여건을 갖추어야 했다. 나는 교육과학기술부장관에게도 명문 거점 학교를 우선적으로 농어촌뉴타운이 건설되는 지역에 지정해 줄 것을 요청했다. 교육부에서도 긍정적으로 검토하겠다고 답을 주었다.

시·군 유통회사

농어촌 발전에는 정책과 사람이 중요하지만 개개인의 역량과 규모에는 한계가 있다. 그러므로 경쟁력을 키우려면 개개인을 효율적으로 조직화해 규모화하고 전문화해야 한다.

지난 10여 년 동안 소비지 시장은 엄청난 발전을 이룩했다. 이마트, 롯데마트, 홈플러스 같은 대형 마트가 급성장하고, TV 홈쇼핑 등 새로운 유통 채널이 정착되면서 30조 원이 넘는 거대시장으로 탈바꿈했다. 시장가격은 이제 대형 마트에서 결정되고 있다.

이에 비해 산지는 아직도 영세한 규모로 분산되어 있다. 대부분이 10~20억 원 규모이고, 큰 조직이라야 100억 원에서 500억 원 규모다. 대학생과 유치원생의 게임과 같다. 산지가 소비지 시장에 종속되기 십상이다. 교섭 능력이 부족하고 이익도 나지 않으니 개별 산지들이 힘없이 무너지고 마는 악순환이 반복된다.

산지의 규모를 키워야 한다. 시장 교섭력을 갖고 영향력을 확대할 수 있으려면 최소 1천억 원 규모는 되어야 한다. 그 답은 농산물 종합상사 역할을 하는 '시·군 유통회사'이다. 농어업인, 지자체, 농협이 힘을 합쳐 시·군 단위에 유통회사를 만들어 농산물 유통을 일원화하는 것이다. 유통회사가 경제주체로서 행정주체인 지자체와 양 수레바퀴가 되어 끌고 가야 한다.

국가대표조직

조직화를 위한 또 하나의 대안이 품목별 국가대표조직이다. 오늘날의 농업은 품목 중심이다. 생산과 유통·가공·판매·수출 등 제반 과정이 모두 품목을 중심으로 이루어지고 있다.

그래서 품목별 조직이 필요하다. 그러나 조직이 난립해서는 안 된다. 조직이 지역별로 구성되고 운영되면 마찬가지 부작용을 초래한다. 이러한 문제를 해결하는 가장 합리적인 방안이 전국단위 조직이다. 즉 해당 품목을 대표하는 국가대표조직이 필요하다.

국가대표조직이 구성되면 해당 품목에 관한 모든 것을 주체적으로 해결할 수 있다. 생산물량을 조절하는 것도, 가격을 조절하는 것도 가능하다. 정부는 대표조직을 정책 파트너 삼아 필요한 정책이나 자금을 지원할 수 있다.

대규모 농업회사

여건이 구비된 지역이라면 대규모 농업회사를 육성할 수 있다. 현재 개발 중인 새만금 간척지 등이 바로 그런 지역의 예이다. 간척지에는 규모화가 가능한 공간이 있으므로 이를 잘 활용하면 축산과 경종, 원예를 연계한 대규모 자연순환형 농업을 할 수 있다.

그러기 위해서는 간척지를 임대해야 한다. 조각조각 나누어 분양하지 말고 민간회사와 농업인들이 대규모 농업용으로 사용하게 해야 한다. APC(청과물종합처리장), LPC(축산물종합처리장), RPC(미곡종합처리장)를 건설해 농업인들이 함께 이용할 수 있게 해야 한다.

또한 생산에서 최종 상품까지의 모든 공정을 하나의 단지 내에서 해결해야 한다. 그래야 불필요한 비용을 줄이고 생산성을 높일 수 있다. 또 그래야 치열한 국제경쟁을 뚫고 세계시장에 진출할 수 있다. 대규모 농업회사가 앞장서서 수출을 이끌고 시·군 유통회사가 뒷받침하면 글로벌 마케팅도 결코 불가능하지 않다.

농식품 유통 고속도로

이와 같은 방식으로 사람과 조직을 육성해 생산과 유통을 규모화·전문화하면 소비시장에 대한 교섭력이 강화된다. 그렇게 되면 복잡한 중간유통을 거칠 필요가 없다. 생산지에서 소비지로, 농장에서 식탁으로 직접 가면 그만큼 시간과 비용을 단축해 수익을 높일 수 있다. 그것이 바로 농식품 유통 고속도로다.

농업의 블루오션

농업과 식품을 결합하면 지속적인 성장산업이 될 수 있다. 그러한 방향으로 게임의 룰을 바꾸고 패러다임을 변화시켜 농업의 블루오션을 만드는 것, 그것이 나의 궁극적인 목표였다. 나는 취임 직후 5대 미래전략과제를 제시하고 구체적인 시행계획 마련에 돌입했다. 취임식 특강, 농업인 단체장 간담회, 시장·군수 농정 워크숍 등을 통해 정책의 방향과 내용을 설명하고 적극적인 동참을 이끌어냈다.

내가 물러난 이후에도 정책의 일관성이 유지되어 세부 시행계획이 확정되고 제도적 뒷받침이 강구되었다. 금년 들어 1차로 10개 시·군에서 유통회사가 출범했고, 5개 시·군에서 농어촌뉴타운 조성을 위한 부지선정 작업을 진행하고 있다. 재임 중 시작한 정책이 퇴임한 이후에도 차질 없이 진행되고 있는 것이었다.

산소동화(産消同和)

산지 조직화

지난 10여 년 동안 농산물시장은 엄청난 발전을 이룩했다. 특히 소비시장의 성장은 상상을 초월한다. 1994년에 이마트가, 97년에 롯데마트가, 99년에 홈플러스가 설립되었다. CJ홈쇼핑, LG홈쇼핑, 농수산홈쇼핑 등의 연륜 또한 10여 년에 불과하다. 인터넷 쇼핑몰이란 말이 세상에 등장한 것도 10여 년 안팎이다. 불과 10여 년 만에 소비시장이 완전히 재편되었다.

이에 비해 산지의 변화는 너무 더디게 진행되고 있다. 아직도 소규모로 분산되어 있다. 소비시장이 탱크 바퀴로 굴러간다면 산지는 자전거 바퀴로 굴러가고 있는 셈이다. 소비시장이 주도권을 가질 수밖에 없다.

지금 이마트의 매출액이 연간 10조 원을 넘는다. 농산물만도 2조 4천억 원을 판매한다. 홈플러스도 10년 만에 10조 원을 넘어섰다고 한다.

이에 비해 시·군의 농산물 생산액은 3~5천억 원 정도다. 이것을 농협과 수십 개의 영농조합이 나누어 팔고 있다. 영농조합당 규모는 기껏해야 10억 원 안팎이다. 10억 원의 영농조합과 10조 원의 할인마트. 게임이 되지 않는다. 그러니 소비시장에 종속될 수밖에 없다.

유통업체들은 한걸음 더 나아가 해외에서 직접 상품을 조달하겠다고 한다. 우리나라의 산지 생산자가 거래 파트너로 맞지 않으니 그리너리 같은 대규모 외국 업체로부터 농산품을 직접 조달하겠다는 것이다.

유통업체의 입장을 탓할 수도 없다. 치열한 국제경쟁에서 살아남기 위해 한 푼이라도 더 원가를 줄이고 이익을 창출하려는 것이 기업의 본질이기 때문이다.

그러면 우리의 산지는 어떻게 되겠는가? 자전거 바퀴조차 추진동력을 잃고 무너져내릴 것이다. 그러나 산지는 물론 정부 당국에서도 이 엄연한 현실을 제대로 인식하지 못하고 있다. 위기가 눈앞에 다가오고 있는데 제대로 대응하지 못하고 있다.

일부에서는 산지에 힘이 실리도록 투자를 집중해야 한다고 주장한다. 하지만 그런다고 해서 쉽게 해결될 문제가 아니다. 영세한 산지에 마케팅 능력이 있는가? 경영능력, 조직능력, 자본능력이 있는가? 여건이 구비되지 못한 상황에서는 아무리 투자를 집중해도 경쟁력이 살아나기 어렵다.

중요한 것은, 산지를 하나로 묶어 조직화하는 것이다. 내가 시·군 단위 유통회사 설립을 주장하고 품목별 국가대표조직을 부르짖는 것이 바로 그 때문이다. 그렇게 해야 소비시장에 대응할 수 있기 때문이다.

상생협력이 살길

장관으로 취임하면서 나는 산지가 소비지 시장에 종속되는 불공정 거래부터 막아야 한다고 생각했다. 그래서 마련한 것이 '산지·소비지 상생협력 선포식'이었다. 산지를 대표하는 농업인 단체장들과 소비지 시장을 대표하는 유통업체, 홈쇼핑, 식품업체, 체인업체 대표들을 한자리에 모아 모두가 지켜보는 앞에서 함께 공정거래를 약속한 행사였다.

미끼판매나 저가판매 같은 불공정행위를 줄이겠다는 취지로 자리를 마련하기는 했지만 내심 불안감을 떨치지 못했다. 소비시장 대표들이 모두 참석해 줄지, 공정거래를 약속하고 잘 지켜줄지, 농식품부 장관의 요청을 얼마나 따라줄지 장담할 수 없었다.

이런저런 궁리 끝에 나는 공정거래위원장을 찾아갔다. 소비시장을 직접 관장하는 공정거래위원회의 협조를 받으면 효과가 훨씬 커질 것이라는 판단에서였다.

"농업을 살리기 위해서는 산지가 소비지 시장에 종속되지 않게 해야 합니다. 이를 위해 산지와 소비지 시장이 상생협력을 다짐하는 행사를 마련했습니다. 그러나 농식품부만으로는 힘이 부족합니다. 오셔서 공정거래 시스템이 정착되도록 힘을 보태주십시오."

미끼상품 퇴출

3월 24일, 유통업체, 홈쇼핑, 식품업체, 체인업체 등 소비지 시장을 대표하는 업계 대표 50여 분과 농업인 단체장들이 참석한 가운데 마침내 소비지-산지 상생협력 선포식이 열렸다. 공정거래위원회에서도 위원장을 비롯한 관계자 여러분이 참석하여 부처 간의 소통 협력을 통해 행사에 힘을 보태주었다.

그 자리에서 나는 상생의 중요성을 강조했다.

"다국적 유통회사인 월마트, 까르푸가 국내에서 퇴출되었습니다. 토종 유통회사인 이마트, 롯데마트, 홈플러스 여러분들의 노력의 결과입니다. 그러나 여러분의 승리 뒤에는 우리 농업인들의 피와 땀이 어려 있습니다. 유통업체간의 무한경쟁에서 승리하기 위해 저가상품, 미끼상품, 할인상품으로 농산품 가격을 낮춰 소비자들을 끌어당겼기 때문입니다. 그 결과로 여러분들은 승리했지만 농업인들은 힘들어하고 있습니다. 유통업체에서 공정거래를 저버리면 산지는 살아 갈 방법이 없습니다. 이제는 상생(相生)해야 합니다. 서로 돕고 가치를 공유해야 합니다. 정보를 공유하고 힘을 모아 시너지효과를 발휘해야 합니다."

나는 마음을 다해 그렇게 당부했다. 그리고 산지 · 소비지 대표, 공정거래위원장과 손을 맞잡고 공정거래 정착을 다짐했다.

그날의 협력식을 계기로 농수산물유통공사 내에 공정거래센터와 직거래센터가 만들어지고, 공정거래위원회와 핫라인으로 연결되었다. 산지와 소비지가 공정하게 거래할 수 있는 제도적 틀이 만들어진 것이다.

농산물을 미끼상품으로 끼워 파는 행위는 점점 사라지고 있다. 농산품 유통의 새로운 틀이 정착되고 있는 것이다.

고기 잡는 법을 가르쳐야

네덜란드를 배우자

인구 1,700만 명의 작은 나라. 우리나라 경상도 크기의 국토면적 (41,540km²)에 4분의 1이 해수면보다 낮은 열악한 환경. 그러나 헥타르당 농업 생산성 세계 1위인 나라가 있다. 네덜란드다.

네덜란드는 미국에 이은 세계 제2의 농산물 수출대국으로, 연간 농산물 수출액 720억 달러에 250억 달러의 흑자를 내고 있다. 전체 인구의 1.4퍼센트에 불과한 농업인구가 무역흑자의 44퍼센트를 벌어들이는 것이다. 50만 마일의 농업 여행을 하는 동안 내가 가장 많은 영향을 받은 나라가 바로 네덜란드이다.

몇 년 전 네덜란드를 방문했을 때 나는 한 가지 목표를 세웠다. 제반 환경이 우리보다도 열악한 네덜란드가 농업 강대국이 된 요인이 무엇인지, 무엇이 네덜란드 농업을 세계 2위의 수출대국으로 만들었는지를 분석하는 것이었다.

네덜란드의 농업은 정말 대단했다. 자동화 설비를 갖춘 첨단 유리온실, 유럽에서 소비되는 송아지 고기의 20퍼센트를 공급하는 팡드리그룹, 그리고 2조 3천억 원의 매출을 올리는 세계 최대 규모의 화훼공판장 알스미어와 2조 7천억 원의 매출을 기록한 플로라홀랜드의 합병….

보면 볼수록 부러웠다. 우리도 이런 농업을 해야 한다, 언젠가는 꼭 우리 농업에 적용해야 한다. 나는 꼼꼼히 메모를 해나갔다.

성공요인도 찾아냈다. 협동조합을 기반으로 하는 조직화, 1인당 경작면적을 20헥타르까지 늘린 규모화, 생산은 물론 유통과 가공에도 적용하고 있는 차별화, 경제성과 효용성을 추구하는 기업가 정신….

성공 비결은 교육

네덜란드는 이미 30년 전부터 공급과잉시대의 패러다임으로 전환해 농업을 최고의 성장산업으로 탈바꿈시켰다.

그러나 우리 농업은 구조개선 사업을 통해 조직화, 규모화, 차별화를 추진했지만 아직도 농산물 수입국에서 벗어나지 못하고 있었다.

네덜란드 농업만의 특별한 노하우가 있을 것이란 생각이 들었다.

　마지막 날의 방문지로 와게닝겐대학과 PTC플러스(Practical Training Centre+)를 둘러보고 나서야 나는 그 해답을 찾았다. 교육이었다. 농업 예산의 40퍼센트를 투자하는 교육, 특히 철저한 현장 중심의 교육과 긴밀한 산학협동 체계가 바로 네덜란드 농업의 성공 동력이었다.

　매년 6천여 명의 전문 인력을 배출하는 와게닝겐대학은 교수들이 농가 현장을 찾아 출장근무를 한다. R&D 또한 공무원·교수·농업인·컨설턴트 등이 공동으로 미래전략을 연구하고 이를 농가 현장에 적용한다.

　PTC플러스는 농가를 대상으로 품목 선정에서부터 최종 유통과정에 이르기까지 농가가 원하는 맞춤형 위탁교육을 실시한다. 이 시스템은 매년 2만여 명의 국내외 농업 종사자들이 이곳에서 연수를 받을 정도로 세계 여러 나라의 모델이 되고 있다.

　철저한 현장교육을 통해 농업인들이 기업가 정신으로 무장하고, 조직화·규모화·차별화를 달성한 것이 네덜란드를 농업 강대국으로 탈바꿈시킨 성공비결이었다.

농업교육 개혁

"물고기를 나누어주는 것은 농업인을 위하는 게 아닙니다. 물고기 잡는 법을 안내해 주는 것이 농업인을 위하는 길입니다."

농촌진흥청에서 한국농업대학(이하 한농대)에 관한 업무보고를 받고 났을 때 네덜란드 PTC플러스에서 들었던 관계자의 말이 떠올랐다. '우리도 이런 농업을 해야 한다' 고 다짐했던 기억도 새로웠다.

우리는 지금까지도 물고기를 주어오고 있었다. 자금을 보조해 주고, 자재를 지원해 주고, 부담을 덜어주는 방식이었다.

이러한 방식의 지원으로는 제자리를 지킬 수 있을지는 몰라도 앞으로 나아갈 수는 없다. 앞으로 나아가기 위해서는 농업인 스스로 물고기를 잡을 수 있도록 돕는 것이 중요하다. 결국 교육이 관건이다.

그러나 우리의 농업교육은 실용성이 부족했다. 농업교육의 산실로 자리매김한 한농대 또한 이러한 비판에서 자유롭지 못했다. 3년 동안의 정규교육으로 젊은 정예 농업인을 양성하고 있지만, 현장 농업인을 대상으로 하는 맞춤형 교육은 전무했다. 그러한 교육을 담당하는 여타 전문 교육기관도 찾아보기 힘들었다.

한농대를 농식품부 직속으로

나는 한농대의 전면적인 개혁을 생각했다. 기존의 정규과정 외에 다양한 맞춤형 교육을 병행, 네덜란드의 PTC플러스 같은 실용교육의 메카로 만들겠다는 구상이었다.

실용교육의 구체적인 방안으로 나는 다음의 네 가지를 생각했다.

첫째, 현장 경험이 풍부한 농업인을 대상으로 원리와 실무를 겸한 전문교육을 실시해 품목별 최고 기술자를 양성하는 교육.

둘째, 대기업 임원 출신들을 대상으로 농업경영에 관한 MBA 교육을 실시하여 시·군 단위 유통회사나 농업회사, 품목조합 등의 전문 경영인으로 진출시키는 농업 CEO MBA 교육.

셋째, 농어촌뉴타운에 참여하는 30~40대 귀농인 및 농업 각 분야의 창업을 희망하는 도시인들에게 필요한 지식과 기술을 가르치는 귀농·창업농 교육.

넷째, 품목별로 1억 원 이상의 소득을 올리는 농업인을 대상으로 전문교육을 실시, 해당 품목의 롤모델로 육성하는 선도농 교육.

이 외에도 시대적 요청이나 농업인들의 수요에 따라 얼마든지 새로운 과정을 개설하고 운영할 수 있을 것이었다.

이 같은 구상 아래 나는 먼저 농촌진흥청 소속의 한농대를 농식품부장관 직속으로 전환하고, 학교 부지를 확대하는 방안을 추진했다. 정부정책과의 연계성을 강화하고 상황 변화에 능동적으로 대처하기 위해서였다.

촛불정국으로 인해 나는 비록 추진 도중에 물러났지만, 내가 물러난 뒤에도 한농대 개혁안이 본격적으로 검토되어 장관 직속기관으로의 개편이 확정되었다.

직제 개편을 계기로 한농대가 농업 실용교육의 산실로 거듭나기를 기원하며, 그렇게 될 것으로 기대하고 있다.

소 잃고라도
외양간을 고쳐야

"AI(조류독감)라니요? 이번 겨울은 무사히 지나가 바로 엊그제 비상을 해제하지 않았습니까? 그런데 AI가 발생했다니요?"

나는 그렇게 반문했다. 축산국장의 보고를 믿을 수가 없었다.

AI는 동절기에 발생하는 조류 인플루엔자다. 대부분 겨울철 대륙에서 이동하는 철새에 의해 유입되어 확산된다. AI는 매년 연례행사처럼 발병해 닭·오리 사육농가에 막대한 피해를 끼치는 겨울철 불청객이었다.

정부에서는 매년 11월부터 이듬해 3월까지를 특별 방역기간으로 정해 AI의 예방과 방역에 만전을 기하고 있었다. 다행히 이번 겨울에는 AI가 발병하지 않았다. 한 건의 신고도 없이 특별 방역기간이 지났다.

나는 예방에 만전을 기해준 관계 공무원들에게 위로와 감사의 서한을 전하며 비상을 해제했다. 그것이 바로 이틀 전인 3월 31일이었다.

그런데 AI가 발생했다니….

"3월에도 발생 사례가 거의 없었고, 4월에 발생하기는 이번이 처음입니다. 예년과는 다른 변종이 아닌가 싶습니다."

나는 즉시 현장을 통제하고 방역에 만전을 기하라고 지시했다.

AI 발생 보고를 받은 다음날 오후 나는 다른 일정을 취소하고 김제시 현장을 찾았다. 방역상황을 점검하기 위해서였다.

덤프트럭이 적재함을 들어올리자 흰 마대 수백 자루가 쏟아져 내렸다. 이삼십 미터 깊이로 넓게 판 구덩이는 어느새 수천 개의 마대자루로 채워졌다. 그 안에는 AI 발생 현장의 인근 농가에서 수거한 닭과 오리들이 산 채로 들어 있었다. 발버둥을 치고 있는 듯 마대가 쉴 새 없이 들썩거렸다.

현장은 엄격히 통제되고 있었다. 부득이하게 출입하는 인원과 차량에 대해서는 일일이 방역을 실시하고 있었다. 나는 방역복으로 갈아입고 현장으로 들어갔다. 삼엄한 기운이 감돌았다.

어떻게 기르던 닭인데…

먼저 사육농가를 찾았다. 온갖 정성을 다해 기르던 닭·오리 수만 마리를 저렇게 살처분할 수밖에 없다니. 어떻게 기르던 닭인데, 있는 돈 없는 돈 다 털어 새로 시작한 오리 사육인데…. 말도 잇지 못하고 눈물만 흘리는 모습에 가슴이 메었다.

나는 정부 조치에 따라주어 고맙다는 뜻을 전하고 피해보상과 대책 마련에 만전을 기하겠다고 약속했다.

그다음 찾아간 닭·오리 매몰 현장에서는 굴착기 서너 대가 바쁘게 구덩이를 메우고 있었다. 내내 안타깝고 착잡한 심정을 안고 서울로 돌아오면서 나는 하루빨리 근본적인 방역대책을 세워서 이들이 다시는 눈물을 흘리는 일이 없게 하겠다고 마음먹었다.

빠른 피해보상

"피해보상액이 얼마나 됩니까?"

청사로 돌아오자마자 나는 담당과장을 불러 물었다.

"200억 원 정도 됩니다."

"좋습니다. 농가에 바로 지급할 수 있도록 조치해 주세요."

그러자 담당과장은 난색을 표했다.

"안 됩니다. 피해조사 결과가 올라와야 지급할 수 있습니다. 먼저 지급할 수 있는 규정이 없습니다."

먼저 지급할 수 있는 규정이 없다?

"자식 같은 닭을 수만 마리 살처분하고 하늘만 쳐다보고 있을 농가입니다. 새 정부의 국정지표가 뭡니까? 섬기는 정부입니다."

답답함을 참지 못하고 나는 목소리를 높였다.

"회계에도 선급금이라는 것이 있잖습니까? 50퍼센트를 먼저 지급하고 나머지 50퍼센트로 정산하면 되지 않습니까? 지급하세요. 모든 책임은 내가 질 것이니 50퍼센트를 최대한 빨리 지급하세요."

그날 오후 피해 보상금의 50퍼센트인 100억 원을 해당 지역에 내려보냈다.

성공적인 방역조치

김제에서 처음 발생한 AI는 정읍을 거쳐 전남지역으로 번졌다. 가용인력을 총동원해 방역활동을 전개했다. 발생지역을 철저히 통제하는 한편, 반경 3킬로미터 안의 닭과 오리는 모두 수거해 살처분했다. 13일에는 평택으로 번졌다. 전국으로 확산될 기미였다.

나는 9개 수의대 교수들까지 포함한 심야 확대간부회의를 열어 확산방지대책을 강구했다. 동원할 수 있는 방법은 모두 동원했다.

결국 5월 12일 경북 경산을 끝으로 AI는 더 이상 발생하지 않았다. 최초 발생 42일 만에 소멸된 것이다.

물론 피해가 컸다. 전국 19개 시 · 군 · 구에서 총 33차례 발생해 닭 · 오리 천만여 마리가 살처분되었고, 2,600억 원의 피해가 발생했다. 사육농가와 음식점은 가격하락에 판매부진까지 겹쳐 이중삼중의 고통을 겪었다. 거기에 국민들이 느낀 불안감이라는 보이지 않는 손실도 있었다.

그러나 예년에 비해 발생건수는 많았으나 발생기간을 절반 이상 단축(예년의 경우 100일 이상)시켰기에 그나마 피해를 최소화할 수 있었다. 모두가 합심해 방역에 만전을 기한 결과였다. UN에서도 세계 AI 상황에 관한 기자회견에서 우리나라를 신속하고 성공적인 방역조치를 취한 AI 방역 모범국가로 평가하였다.

그러나 그것으로 문제가 해결된 것은 아니었다. 이번에 발생한 AI는 동남아형으로 소멸기인 4월에 발생하는 등 예년과 차이가 많았다. 그런 만큼 앞으로의 예방책을 마련하는 것이 방역 못지않게 중요했다.

점검해 보니 지금까지의 AI 대책은 예방보다 사후처리에 초점이 맞춰져 있었다. 근본적인 예방대책을 마련해야 하고, 또 그것이 가능한데도 예산이 없다는 이유로 일이 벌어지고 나서야 대처하는 사후약방문 식이었다.

나는 이번 기회에 이 악순환의 고리를 끊겠다고 다짐했다. 4월 13일 평택에서 AI가 발생한 후 전문가 심야확대회의를 비롯해 관계 전문가들과 수차례 대책회의를 갖고 근본적인 대응책을 마련했다.

일 년 내내 AI를 감시하고 방역하는 연중 상시 감시체제를 구축하고, 원인을 밝혀 발병 전에 차단하는 예방 시스템을 마련하기로 했다.

먼저 농가에서 샘플을 채취해 혈청검사만 하던 AI 검사를, 9개 수의대와 연계해 일정 규모 이상의 사육농가를 대상으로 분기마다 한 번씩 실시하게 했다. 혈청검사 외에 바이러스 검사를 추가했다. 또한 유입 경로를 주기적으로 관찰하고 유입 여부를 상시 점검하게 했다.

여기에 200억 원 정도의 예산이 소요되었다. 그러나 한번 발생하면 1천억 원 이상의 경제적 손실이 발생하고, 환경오염과 국민 불안 등 눈에 보이지 않는 비용까지 합치면 피해를 헤아릴 수 없는 것이 AI 였다. 비용이 들더라도 근본적인 예방대책을 마련하는 것이 무엇보다 중요했다.

그 때문일까? 올해에는 AI가 발생하지 않았다. 매년 연례행사처럼 반복됐는데, 한 건의 신고도 접수되지 않았다. 다행이 아닐 수 없다.

그러나 안심할 수는 없다. 소멸기인 4월에 발생한 지난해의 사례가 타산지석이 되고 있다. 언제 어떻게 발생할지 모른다. 물 샐 틈 없는 상시 감시 체제는 아무리 강조해도 지나치지 않을 것이다.

한겨울에도
푸르게 푸르게

기적소리와 함께 열차가 서서히 움직였다. 김제역을 뒤로하고 서울을 향해 점점 속도를 높였다. 이명박 대통령은 아무런 말이 없었다. 묵묵히 차창 밖을 응시할 뿐이었다.

나 또한 마찬가지였다. 드러내지는 못했지만 무거운 마음까지 감출 수는 없었다. '만약에?' 하는 생각이 들 때마다 불안과 우려를 억제하기 힘들었다.

2008년 4월에 접어들어 발생한 AI가 확산 조짐을 보이고 있었다. 대통령을 모시고 최초 발생지인 김제·정읍 현장을 둘러보고 나니 마음이 더 불안해졌다. 상황이 생각보다 훨씬 심각했다.

소멸기인 4월에 접어들어 발생한 만큼 예년의 AI와는 다른 변종으로 분석되고 있었다. 신고가 늦어 발생 후에도 얼마 동안 통제가 이루어지지 않았다. 방역작업을 철저히 한다 해도 확산을 막을 수 있을지 장담할 수 없었다.

그렇지 않아도 어려움이 많은 축산농가였다. 연초부터 급등한 국제곡물가격의 영향으로 사료가격이 두 배 가까이 올랐다. 배합사료 의존도가 높은 국내 축산농가 입장에서는 아무리 가격이 비싸도 달리 대안이 없어 울며 겨자 먹기로 사 먹일 수밖에 없었다.

그뿐이 아니었다. 이틀 후부터는 미국산 쇠고기 수입 재개를 위한 협상이 진행된다. 협상이 타결되어 수입이 재개되면 한우농가의 피해 또한 적지 않을 것이었다.

거기에 AI까지 확산되면? 축산업 전체가 이중삼중의 고통을 겪게 될지도 모를 일이었다.

허허벌판 유휴지

"정 장관!"

얼마나 지났을까? 창밖을 응시하던 대통령이 고개를 돌려 나를 불렀다. AI 생각에 잠겨 있던 나는 정신을 차렸다.

"저기, 저 넓은 평야를 왜 놀리고 있습니까?"

나는 대통령이 가리키는 손끝을 따라 차창 밖으로 시선을 돌렸다. 열차가 드넓은 김제평야를 지나고 있었다.

그러나 차창 밖으로 보이는 광경은 평야라기보다 허허벌판에 가까웠다. 아직 작물을 심지 않아 푸른 논밭 대신 누런 벌판만 끝없이 이어졌다.

"사료값이 올라 축산농가가 어려움을 겪고 있잖습니까? 해외자원을 개발해야 하는데, 저 넓은 평야를 왜 그냥 내버려두는 겁니까? 겨울에 사료작물을 심으면 큰 도움이 될 것 같은데…."

주무장관인 나는 AI에 온 신경을 곤두세우고 있는데 대통령은 더 나아가 근본적인 축산대책 마련을 걱정하고 있었다.

나는 대답할 말이 군색했다. 그 문제에 대해서는 아무것도 준비한 것이 없었다. 특별히 생각한 것도 없었다.

"경제성이 떨어져 그런 것 같습니다. 올라가는 대로 현황을 파악해 필요한 대책을 강구하겠습니다."

제2녹색혁명

서울로 올라온 나는 곧바로 현황 파악에 나섰다. 식량국장을 불러 확인해 보니 겨울철 유휴지가 전국적으로 34만 헥타르나 되었다. 34만 헥타르면 여의도 크기의 1,100배에 해당하는 면적이었다.

그 넓은 땅에 사료작물을 재배하면 비싼 배합사료의 수입을 대체해 축산농가는 물론 국가경제에도 큰 도움이 될 것이다. 경관을 조성하여 지역문화와 연계하면 새로운 관광문화 상품을 개발하는 부수적인 효과까지도 거둘 수 있을 것이다.

그뿐이 아니다. 환경보존 효과도 클 것이다. 탄소를 흡수해 대기오염을 개선하고, 겨울철 생태계 보존에도 크게 기여할 수 있다. 환경이 키워드로 부각되는 현실을 감안하면 녹색성장을 위한 기반이 될수도 있었다.

나는 식량국장을 단장으로 하는 태스크포스(TF)를 구성했다. 겨울철 유휴지 활용에 대한 종합적이고 구체적인 시행계획을 마련하도록지시했다. 1970년대 식량자급의 신기원을 이룩한 녹색혁명처럼 범국민운동을 통해 사료작물의 자급에 기여하겠다는 의미에서 이 프로젝트를 '제2녹색혁명' 이라 명명했다.

식량자급을 통해 탄수화물 혁명을 이룩한 녹색혁명과 대비, 사료작물 증산을 통해 단백질 혁명에 기여하겠다는 의미도 부여했다. 미래의 성장동력이 될 녹색성장의 기반을 마련하겠다는 취지도 아울러담았다.

그러나 '제2녹색혁명'은 시작부터 난관에 부딪쳤다. 예기치 못한촛불정국에 휩쓸려 농정 전체가 표류하기 시작했고, '제2녹색혁명'또한 예외가 아니었다.

그래서는 안 된다는 생각에 나는 특단의 조치를 강구했다. 나를 포함해 직접적인 관계자 30여 명은 TF를 구성해 촛불정국에 대처하고, '제2녹색혁명'팀을 포함해 여타 직원들은 정국에 구애받지 말고 본연의 업무에만 충실하게 했다. '제2녹색혁명'팀은 구성된 지 100여일 만에 마스터플랜을 완성해 냈다. 8월 3일의 일이었다.

마지막 순간까지 최선을…

완성된 마스터플랜의 발표를 놓고 나는 잠시 고민에 빠졌다. 나는 촛불정국의 책임을 지고 물러나기로 되어 있었고, 후임장관도 결정이 되어 이·취임식을 사흘 앞두고 있었다.

이런 상황에서 새로운 중장기정책을 발표하는것이 맞는 일인가 고민이 되었다. 대통령께서 지시한 일이니 내가 매듭을 지어 넘기는 것이 향후의 정책 추진에 도움이 될 것이란 생각도 들었다.

나는 후자를 선택했다. 8월 4일 언론 브리핑을 통해 2012년까지 총 1조 7천억 원을 투자하는 '제2녹색혁명'의 추진을 공식 발표했다. 지력 보강과 단지화를 통해 전국 34만 헥타르에 겨울철 사료작물을 재배한다는 원대한 계획이었다.

이튿날 열린 마지막 국무회의에서도 보고했다.

"제2녹색혁명은 4월 8일 대통령께서 지시하신 내용을 100일 동안 연구해 확정지은 정책입니다. 차질 없이 추진하면 200만 톤의 조사료를 증산, 4대 6으로 잘못되어 있는 조사료 비율을 6대 4로 바로잡을 수 있습니다. 그렇게 되면 비용 절감은 물론 고기 육질까지 좋아질 것입니다. 또 농가에서는 8천억 원의 소득을 올리고, 1조 2천억 원의 수입대체 효과도 있습니다. 관광문화산업과의 연계효과도 뛰어납니다.

저는 내일 물러나지만 '제2녹색혁명'은 차질 없이 추진되어야 합니다. 그러기 위해서는 재정적인 뒷받침이 따라야 합니다. 녹색성장을 위한 '제2녹색혁명'이 성공할 수 있도록 대통령께서 기획재정부

장관께 지시를 분명하게 내려주셨으면 합니다."

이명박 대통령은 그 자리에서 기획재정부장관에게 차질 없이 추진될 수 있도록 재정적 뒷받침에 만전을 기하라고 지시했다.

고창 청보리축제

전북 고창에서는 매년 4월 청보리축제를 연다. 겨울 추위를 뚫고 나와 온 세상을 푸르게 뒤덮는 청보리를 보고 있으면 힘찬 생명력이 느껴진다. 이 자연의 활력을 체험하고 싶어 고창을 찾는 관광객들도 해마다 늘고 있다.

30만 평의 땅에 보리를 재배해 수확하면 3억 원 정도의 수익을 올리지만 청보리축제로 벌어들이는 관광수익은 120억 원에 달한다고 한다. 고창의 사례는 농업과 관광을 결합하면 농촌 발전에 얼마나 큰 기여가 되는지를 여실히 보여주고 있다.

'제2녹색혁명'의 성과가 본격적으로 나타나면 전국 어디서나 이러한 축제를 만끽할 수 있게 될 것이다. 청보리뿐만 아니라 자운영, 유채, 호밀 등으로 작목도 다양해질 것이다.

조사료 공급을 통해 축산농가의 비용 절감과 품질 향상에 기여하는 것, 그리고 멋진 경관과 축제로 국민들에게 기쁨과 즐거움을 선사하는 것, '제2녹색혁명'은 이 두 가지를 모두 만족시키는 일거양득의 정책이 될 것이다.

닭보다 못한
장관이 되긴 싫었다

촛불정국이 마무리되고 며칠 뒤 민동석 차관보가 장관실로 찾아
왔다.

"협상대표로서 책임을 지고 물러나겠습니다."

그가 짤막한 한마디와 함께 굳은 얼굴로 책상 위에 흰 봉투를 내려
놓았다. 사직서였다. 고개를 들어 그의 얼굴을 바라보았다. 많이 수척
해져 있었다. 홍역을 앓은 사람처럼 얼굴이 건조하고 푸석푸석했다.

말하지 않아도 알 수 있었다. 지난 90여 일 동안 그가 얼마나 괴롭
고 힘든 시간을 보냈을지 보지 않아도 알 수 있었다. 지금까지 내가
겪은 고통을 그 또한 고스란히 겪었을 것이다.

"네 가족이랑 미친 소 실컷들 처먹고 뇌 송송 구멍 뚫려 뒈져버려

라!"

"너희 집 찾아가서 죽여버릴 테니 몸조심해라. 네 이름은 광우병 오적으로 역사에 길이 남을 거다!"

하루에도 수십 통씩 날아드는 이런 악담과 저주의 문자 메시지에 몸서리를 쳤을 것이다. 사람들이 침을 뱉을까, 돌을 던질까 외출도 하기 어려웠을 것이다. 잠자리에 누우면 촛불을 들고 달려드는 군중들의 환영에 식은땀을 줄줄 흘렸을 것이다.

모두가 기피하던 쇠고기 협상을 맡아 최선을 다하고도 그가 받아야 했던 끔찍하고 잔인한 저주와 협박을 생각하니 가슴이 쓰렸다.

"장관님께서 책임을 지고 사표를 냈는데 저도 책임져야 하지 않겠습니까? 직원들에게도 제 소회를 적은 이메일을 보냈습니다."

이미 결심을 굳힌 듯했다. 그를 바라보고 있자니 나도 모르게 눈시울이 뜨거워졌다.

촛불정국에 대한 책임 문제는 어제오늘의 일이 아니었다. 시위가 시작된 5월부터 언론과 정치권에서 연일 책임자 처벌을 요구했고, 정부 또한 국가 혼란에 대한 책임을 지고 총리를 비롯한 국무위원 전원이 대통령께 사표를 제출한 상태였다. 그보다 앞서 나에 대한 해임건의안이 국회 본회의에서 표결에 부쳐진 일도 있었다. 그런 형편이니 쇠고기 협상의 수석대표인 그는 더더욱 견디기 힘들었을 것이다.

"알겠습니다. 뜻이 그러하니 받아는 두겠습니다."

나와 함께 가겠다고 어렵게 결심하고 직원들에게 이메일까지 보낸 그였다. 그러나 이것은 시간을 갖고 신중히 판단할 문제였다.

병아리 감싼 암탉

대여섯 마리의 병아리가 앞마당에서 노닐고 있었다. 땅을 쪼고 바가지에 담긴 물을 마시며 한가롭게 오후의 일상을 즐기고 있었다. 조금 떨어진 마당 구석에 어미인 듯한 암탉 한 마리가 웅크리고 앉아 물끄러미 지켜보고 있었다.

얼마나 지났을까? 먹구름이 몰려와 해를 가리는가 싶더니 바람까지 세차게 불어댔다. 후드득후드득 빗방울이 떨어지기 시작했다. 그때였다. 마당 한쪽에 웅크리고 있던 암탉이 쏜살같이 달려오더니 두 날개를 활짝 펼쳤다. 어쩔 줄 몰라 하던 병아리들이 그 속으로 몸을 피했다. 바람이 거세지고 빗방울이 굵어졌다. 암탉의 날개는 바람에 휘어지고 비에 젖어 축축 늘어졌다. 그럴수록 암탉은 더욱 날개를 곧추세웠다. 온 힘을 다해 버텨내며 병아리들을 감싸 안았다.

민 차관보가 놓고 간 사직서를 바라보고 있자니 어린 시절 고향에서 보았던 암탉의 모습이 떠올랐다.

비바람이 치자 쏜살같이 달려와 두 날개로 병아리들을 감싸 안던 암탉, 비에 젖고 바람에 휘어져도 날개를 접지 않던 암탉의 모습이 내 머리에서 떠나지 않았다.

쇠고기정국에 대한 책임을 나누어 질 수도 있었다. 민 대표에게 책임을 묻고 내가 살겠다고 버둥거릴 수도 있었다.

그러나 그럴 수는 없었다. 비바람이 몰아치면 닭도 날개를 펼쳐 새

끼를 감싸고 보호하는데, 최선을 다해 협상에 임한 그에게 무슨 책임을 묻는단 말인가? 그런 그에게 책임을 물어 물러나게 한다면 어느 공무원이 열정을 다해 일하겠는가?

내 책임의 무게가 늘어난다 해도 그럴 수는 없었다. 닭보다 못한 장관이 되기는 싫었다. 나는 그가 놓고 간 사직서를 서랍 깊숙이 집어넣었다.

사직서 반려

대통령께 제출한 내 사표가 수리되고 얼마 후 나는 조용히 그를 불렀다.

"민 차관보님! 협상 대표를 피할 수도 있었는데 민 대표님은 피하지 않으셨습니다. 그리고 최선을 다해 협상에 임했습니다. 잘못이 있다면 국민의 뜻을 헤아리지 못한 제 잘못입니다. 그 잘못은 이미 내가 졌습니다. 이 사직서는 돌려드리겠습니다. 힘들더라도 이겨내시고 협상에 임할 때의 그 마음 그대로 국가를 위해 더 많은 일을 해주십시오."

사직서를 돌려주며 나는 그의 두 손을 꽉 움켜잡았다. 그도 말없이 내 손을 맞잡았다. 뜨거운 체온이 전해져 왔다.

갓끈이 떨어져도
할 일은 한다

　7월 7일, 후임 장관이 발표되었다. 나는 취임 5개월 만에 물러나게 되었다.

　담담히 받아들였다. 주무장관인 내가 모든 책임을 지고 물러나는 것으로 촛불정국을 마무리하고 농업을 살리는 본연의 일에 충실할 수 있다면 그 또한 의미 있는 일이었다. 마지막까지 촛불정국을 마무리하는 데 최선을 다할 뿐이었다.

　후임 장관에 대한 인사청문회까지는 시간 여유가 있었다. 더구나 여야의 대립으로 18대 국회 개원이 늦어져 청문회는 일정조차 잡히지 않았다. 길게는 한 달 가까운 시간이 남아 있었다.

　"후임 장관까지 결정된 마당에 지방에 가시면 뭐 합니까? 가셔도

반가워하지 않습니다. 그냥 조용히 계시는 것이…"

물러나기 전에 계획했다 하지 못한 지방순회를 하겠다고 하자 참모들이 말리고 나섰다. 물러날 일만 남은 장관을 누가 반겨주겠느냐는 것이다. 물러날 때까지 개인적인 일이나 보면서 조용히 시간을 보내는 것이 좋겠다는 뜻이었다.

그러나 나는 그럴 수 없었다. 나는 하루도 자리를 비워놓을 수 없는 농식품부장관이었다. 후임이 결정되었다고 해서 집무실에 앉아 시간을 보낼 수는 없었다. 물러나기 전까지는 최선을 다해 장관의 역할을 수행해야 했다. 무시를 당하고 괄시를 받아도 내가 해야 할 일을 중단할 수는 없었다. 그것이 취임식 때 내가 한 약속을 지키는 일이었다. 나는 바로 지방 방문길에 나섰다.

곧 물러날 장관

"며칠 후면 물러날 장관님 아닙니까? 그런 장관님께 건의하고 제안해 봐야 무슨 소용이 있습니까?"

부산으로 내려가 수산과학원을 돌아보고 공동어시장을 방문했을 때였다. 시장 상인들과 간담회를 갖고 이런저런 문제를 상의하는 도중 한 상인이 비꼬는 목소리로 내뱉었다. 대화가 끊기고 간담회장 분위기가 싸늘해졌다. 참모들이 우려했던 일이 현실로 나타난 것이다.

그러나 나는 이내 마음을 가라앉혔다. 웃으며 그분에게 말했다.

"저는 물러나지만 여기 함께 오신 수산정책실장은 그대로 있습니다. 물러나는 장관이지만 그렇게 홀대하지도 않을 겁니다. 지금 당장 수산정책실장이 답변 드리도록 하겠습니다."

나는 배석한 수산정책실장에게 답변하게 한 다음, 답변이 끝나기를 기다려 덧붙였다.

"떠나는 장관이지만 여러분들을 만나러 여기까지 왔습니다. 여러 현안에 대해 말씀해 주신 것은 수산정책실장이 최선을 다해 검토해 주실 겁니다."

내가 진정을 다해 얘기하자 상인 대표들이 일어나 내 손을 꼭 잡아주었다.

물러날 때 물러나더라도

후임 장관이 발표되고 물러날 때까지의 한 달여 동안 나는 촛불정국에 쫓기느라 제대로 챙기지 못했던 농정 현안들을 하나하나 점검했다.

김제와 정읍을 돌아보며 AI 후속대책의 추진상황을 살폈다. 영산강 간척지를 방문해 대규모 농업회사의 가능성을 타진했다. 나주의 전원마을 조성 현장에서는 농어촌뉴타운에 대한 구상을 새롭게 했다.

부산을 방문해 수산정책을 점검했다. 수산과학원을 방문한 자리에서는 바다목장 등 새로운 어업을 설계하고, 공동어시장에 들러 수산물 유통현황을 점검했다.

그렇게 점검한 내용을 수행한 담당 실·국장에게 특별히 지시해 후임 장관 하에서도 일관성을 갖고 추진해 줄 것을 당부했다.

장관실 리모델링

퇴임을 열흘 앞두고 나는 장관실 리모델링을 지시했다. 지난 3월 농식품부로 조직이 확대 개편되면서 청사 건물을 옮기고 모든 사무실을 리모델링했지만 장관실은 하지 못했다.

"장관님은 속도 좋습니다. 수리하려면 며칠 동안 회의실에서 근무하셔야 하는데, 왜 나가시면서까지 그 고생을 사서 하십니까?"

비서관이 눈시울을 붉히며 푸념했다. 그 마음을 모르지 않았다. 취임 이후 고생만 한 장관이 정작 자신은 쓰지도 못할 집무실을 수리하라니….

"후임 장관도 취임하면 무척 바쁠 테니, 잠시라도 짬이 날 때 수리하는 게 낫지."

나 때문에 수리도 못한 집무실을 후임 장관에게 물려줄 수는 없었다. 곧바로 리모델링 공사가 시작되었다. 병풍처럼 벽에 걸어놓은 20년 전의 누런 벼이삭 사진을 최근의 청보리밭 사진으로 교체하는 등 5일간에 걸쳐 집무실을 새롭게 단장하고 나니 마음이 개운했다.

농림수산식품부는 몇 개월 간 홍역을 치렀고 벌여놓은 일이 너무

많아 뒷수습을 해야 하는 후임 장관이 고생도 많을 텐데 후임 장관에게 조금이나마 도리를 한 것 같다.

단절에서 이음으로,
상극에서 상생으로

"한 가지 청이 있습니다."

사표를 제출하고 얼마 후 대통령을 면담한 자리에서 나는 어렵게 입을 열었다. 대통령은 말없이 나를 주시했다.

"대통령님께서도 말씀하셨듯이 지금 추진 중인 농정개혁은 계속 이어져야 합니다. 돈 버는 농업, 살맛 나는 농어촌의 주춧돌은 마련 되었습니다. 이 정책이 일관성을 가지고 추진될 수 있도록 직접 챙겨 주십시오."

기도를 하듯 간절한 심정으로 나는 그렇게 요청했다.

재임 5개월. 농업의 패러다임을 바꾸고 밀물시대를 열기에는 너무나 짧은 시간이었다.

그러나 나는 하루에 모든 것을 거는 심정으로 농정개혁의 토대를 닦고 씨를 뿌렸다. 농업 분야에 팽배했던 썰물시대의 의식을 밀물시대의 의식으로 바꾸고 변화시키려 했다.

그러나 밀물시대를 위한 농정개혁은 이제 겨우 씨를 뿌렸을 뿐이다. 여기에서 방향이 바뀌거나 한다면 시작하지 않은 것만 못한 결과를 초래할 것이다. 장관이 바뀌면 혹시라도 새롭게 시작한 농정개혁이 주춤하거나 후퇴하지 않을까 걱정이 되어 무례를 무릅쓰고 이렇게 청을 드렸던 것이다.

대통령께서는 나의 청을 받아주시고, 각종 개혁정책을 일관되게 추진하겠다고 약속하셨다.

관례를 깬 이·취임식

후임 장관이 결정되고 퇴임일이 다가오면서 나는 이임식에 대해 생각했다. 왜 같은 정권 내에서도 이임식과 취임식을 별도로 해야 하는지 의문이 들었다.

어쩌면 조선시대부터 내려온 단절의 문화, 상극의 문화 때문이거나, 새 인물을 임명하면서 과거의 인물은 단죄하는 봉건정치의 유물 때문일지도 모른다는 생각이 들었다.

관례적으로 이 취임식은 오전, 오후 시차를 두고 나누어서 실시했다. 그러나 정부도 같은 정부요, 국민도 같은 국민이다. 정책도 연속성을 갖고 추진되어야 하거늘, 물려주고 물려받는 두 장관이 얼굴을 마주할 기회조차 없어서야 되겠는가.

나는 이임식과 취임식을 한자리에서 같이 하고 싶었다.

그러나 그것은 나 혼자 결정할 수 있는 문제가 아니었다. 후임 장관의 의사가 중요했다.

"왜 나가시면서까지 새로운 일을 만들려고 하십니까? 그리고 새 장관에게 누가 그런 요청을 할 수 있겠습니까?"

후임 장관에게 그러한 내 뜻을 전달하고 협의해 줄 것을 지시하자 담당국장은 난감해 했다.

그러나 이것은 역사를 바꾸는 일이었다. 내가 직접 해결해야겠다고 마음먹었다. 후임으로 내정된 장태평 장관을 만나 그러한 내 뜻을 간곡히 전달했다. 장 장관은 감사하게도 내 제안을 받아들여주었다.

뜻깊은 악수

2008년 8월 6일, 농식품부 대강당에서는 장관 이·취임식이 열렸다. 지금까지 많은 장관이 교체되었고, 그때마다 이임식과 취임식이 열렸지만 한자리에서 동시에 개최된 것은 유례가 없는 일이었다.

나는 장태평 후임 장관과 나란히 앉아 이·취임식을 함께했다. 식이 끝난 다음에는 모두가 지켜보는 가운데 신임 장관과 악수를 나누며 인수인계식을 가졌다.

"많은 짐을 남겨드리고 떠납니다. 제가 못 다한 돈 버는 농어업시대를 반드시 실현시켜 주실 것으로 믿습니다."

"어려운 상황에서 고생 많으셨습니다. 장관님께서 뿌리신 농정개혁의 씨앗을 가꾸어 꽃을 피우고 열매를 맺겠습니다."

직원들이 모두 일어서 두 장관의 아름다운 교체를 뜨거운 박수로 위로하고 축하해 주었다. 작으나마 단절의 역사가 이음의 역사로 가는 주춧돌을 마련해 준 후임 장관에게 다시 감사드린다.

서울 한복판에
농촌을 만들자

도시에서 농촌 체험

꼬마아이가 앙증맞은 손을 내밀어 젖소의 늘어진 젖을 잡는다. 덩치가 산만한 젖소는 고개를 이리저리 내젓고만 있다. "꽉 잡고 눌러봐" 컵을 받쳐 든 선생님이 옆에서 거든다. 아이가 손에 힘을 준다. 하얀 우유가 한 줄기 뿜어져 나온다.

"와아!"

옆에서 차례를 기다리는 아이들이 신기한 듯 소리를 지른다. 그 소리에 힘을 얻었는지 아이가 손을 바쁘게 움직인다. 선생님이 받쳐 든 컵에 신선한 우유가 가득 차오른다. "우리가 매일 먹는 우유가 바로

이렇게 짠 젖소의 젖이야." 선생님의 설명에 아이들은 겸연쩍은 듯
왁자지껄한 웃음으로 응답한다.

어느 시골의 목장 풍경이 아니다. 서울의 도심 한복판에서 본 광경
이다. 2008년 10월 양재동 시민의 숲에서 펼쳐진 '코리아 푸드 엑스
포(Korea Food Expo)' 야외행사에서였다. 농식품부 출범을 기념하고
농식품산업 육성의 의지를 대내외에 천명하기 위해 개최된 이 행사
는 국내에서 처음 열린 농식품 종합박람회였다.

쌀 가공식품을 비롯해 수산식품, 희귀 농산물, 외국인이 좋아하는
한국 음식, 컬러 푸드, 전통주, 파워브랜드 농산물까지 전국의 내로
라하는 농식품이 총망라된 국내 최대 규모의 농식품 축제였다.

특히 양재동 시민의 숲을 따라 조성된 야외전시장은 관람객들에게
색다른 즐거움을 선사했다. 도심 속의 목장 나들이, 어린이 음식학
교, 도농(都農)교류 엑스포 등 농촌의 생활과 문화를 체험하는 풍성한
행사가 연일 계속되어 도심 속의 농촌을 연상시켰다. 농촌의 한 마을
을 떼어내 그대로 옮겨놓은 듯한 느낌이었다.

'코리아 푸드 엑스포'

코리아 푸드 엑스포는 장관으로 취임한 후 가장 심혈을 기울여 준
비한 행사였다.

유사 이래 처음으로 발족된 농식품부였다. 농업과 식품의 결합은 5

천 년 농업의 패러다임을 바꾸는 일대 전환점이었다. 그 취지와 정책 방향을 국민들에게 제대로 알리고 공감대를 형성하는 것이 무엇보다 중요했다.

우리 식품의 소중함과 우수성을 새롭게 인식시켜 국민들이 올바른 식생활을 영위하도록 하는 것, 그것이 건강한 국민, 건강한 대한민국을 만드는 첩경이요, 농식품부장관인 내가 해야 할 일이라는 생각에 서였다.

나는 분산되어 있는 소규모 행사를 모아 전 국민이 함께하는 대규모 농식품 축제로 승화시키고 싶었다. 각 지역의 내로라하는 농식품들을 한자리에 모으고, 각종 축제 및 문화행사를 결집시켜 한국의 농식품을 상징하는 대표적인 축제를 만들자는 생각에서 탄생한 것이 바로 코리아 푸드 엑스포였다.

행사를 준비하면서 나는 특히 전통식품에 주안점을 두었다. 우리의 발효식품이 얼마나 뛰어난 음식인지, 서양음식을 먹으면 왜 비만과 성인병에 시달리게 되는지, 과학적·의학적 근거를 바탕으로 명쾌하게 설명해 서양음식에 길들여진 젊은 세대들에게 경종을 울릴 생각이었다.

나아가 김치, 된장 등 5대 발효식품을 세계인이 함께 먹는 글로벌 음식으로 육성하기 위한 한식 세계화 사업의 출범을 공식 선포하고, 국민과 국내외 식품 전문가들의 관심을 고조시켜 사업 추진에 박차를 가할 생각이었다.

농악과 사물놀이를 비롯한 농촌문화 축제를 행사 기간 내내 개최해 분위기도 한껏 끌어올릴 예정이었다.

그러나 이 또한 내게는 한 편의 미완성 교향곡이 되고 말았다. 촛불정국으로 인해 장관의 자리에서 물러나는 바람에 중도에서 손을 놓을 수밖에 없었다. 다행히 후임 장관과 직원들이 열심히 준비해 행사가 성공적으로 개최되는 것을 지켜볼 수 있었다.

미흡한 점도 있고 아쉬운 점도 있었지만 국내에서 처음 개최된 농식품 종합박람회였다. 첫술에 배부를 수는 없는 일이다. 이제 시작을 했으니 올해에는 더욱 확대되고 내년에는 더욱 다양해질 것이다.

한 해 두 해 경험이 쌓이고 연륜이 더해지면 머지않아 프랑스의 파리 국제식품박람회처럼 세계적인 농식품 축제로 발돋움할 수 있으리라 믿어 의심치 않는다.

농업공원

코리아 푸드 엑스포를 준비하면서 내가 구상한 또 하나의 아이템이 아그로파크, 즉 농업공원이었다. 서울 한복판에 농촌을 만들자는 구상이었다.

농식품 축제 같은 행사는 규모가 아무리 크더라도 일 년에 한 번이다. 일주일 남짓한 행사가 끝나면 일 년을 기다려야 한다. 도시민들이 농촌을 느끼고 즐기기에는 한계가 있을 수밖에 없다. 그래서 일 년 내내 이용할 수 있는 상설공간으로 아그로파크를 만들어보자는 구상을 했다.

코리아 푸드 엑스포 행사 때 야외전시장으로 활용한 양재동 시민의 숲 일대는 아그로파크를 조성하기에 적합한 여건을 갖추고 있다. 양재천을 중심으로 드넓은 자연공간이 이어져 있고, 나무가 우거졌을 뿐 특별한 시설이나 조형물도 없다. 부지만 확보하면 적은 비용으로 손쉽게 조성할 수 있다.

공원 조성은 어렵지 않다. 주제별로 구분해 농촌 현장을 그대로 옮겨놓으면 된다. 일정 면적은 논으로 만들어 벼를 심고, 또 한쪽은 밭으로 만들어 각종 채소와 야채를 재배한다. 한적한 곳에 젖소를 방목해 우유를 짜고, 다른 쪽에는 사과나무, 배나무를 심어 과일을 수확한다. 필요하다면 비닐하우스와 유리온실을 지어 시설농업도 경영할 수 있다.

그렇게 농업공원을 조성하면 도시민들에게 기존의 공원과는 차원이 다른 휴식과 즐거움을 줄 수 있다.

자라나는 아이들에게는 농촌과 농업, 농식품의 소중함을 직접 체험할 수 있는 학습공간으로 자리 잡을 것이다. 어른들에게는 휴식과 더불어 농촌의 생활과 정감, 나아가 농심까지 향유할 수 있는 추억의 공간이 될 것이다. 한 걸음 더 나아간다면 농촌을 이해하고, 농촌과 도시가 교류 협력하여 상생 발전하는 심장이 될 수도 있을 것이다.

장관으로 일할 때 나는 이런 구상을 대통령께도 밝혔고 서울시장과도 협의했다.

물론 여러 요인이 복잡하게 얽혀 있어 쉽게 결정하기는 힘든 문제인 것은 사실이다. 그러나 우리 농업과 농촌, 식품에 대한 관심과 이해는 우리 세대, 나아가 미래 세대의 생존과 직결된 문제다. 어려서부터 농식품의 가치를 직접 보고 느끼는 것이야말로 올바른 식생활을 영위하는 근간이 될 것이다.

누구나 가까운 곳에서 농촌을 느끼고 체험하고 식품의 소중함을 인식할 수 있다면 우리 삶은 그만큼 건강하고 풍요로워질 것이다.

서울 한복판에서 아이들과 함께 메뚜기를 잡으며 논둑길을 걷는 모습. 생각만으로도 가슴이 설렌다. 내가 꿈꾸는 이 모습이 머지않아 현실로 도래하기를 바라는 마음 간절하다.

5

한철골 박비향

인생길에서 뼈를 깎는 아픔(寒澈骨)을 경험해 보지 않은 사람은 거의 없을 것이다.
그러나 이에 대한 응답은 사람마다 다르다. 분노와 좌절로 끝내버리는 사람이 있는 반면,
벼랑 끝에서 딛고 일어서 다시 태어나는 사람도 있다.
다시 태어나는 사람은 그 자체로 다른 사람들에게 희망의 향기, 박비향(撲鼻香)의
세계를 열어 보여준다.

우리의 것을 찾아서

끝없이 펼쳐진 염전마다 하얗게 익은 소금을 수확하는 손길이 분주했다. 무덤의 봉분처럼 곳곳에 쌓아올려진 소금더미를 삽으로 퍼담고 수레를 이용해 창고로 옮기고 있었다. 다른 한쪽에서는 바닥에 드러난 소금을 연신 밀대로 밀어 둥근 더미를 만들고….

한여름의 뙤약볕 아래 소금은 그렇게 익어가고, 그와 더불어 남해안의 외딴섬 신의도의 꿈도 익어가고 있었다.

퇴임 후 나는 100일간의 일정으로 우리의 맛과 얼을 찾아서 전국 순례를 시작했다. 그 출발점으로 삼은 곳이 목포에서 멀리 떨어진 섬 신의도였다. 먹을거리, 그중에서도 발효식품의 기초가 되는 천일염의 고장에서 여정을 시작한 것이다.

앞에서 이야기했듯이 나는 장관에 취임하면서 45년 동안 광물로 분류되어 지식경제부에서 관할하던 천일염을 농식품부로 전격 이관했다. 천일염을 식품으로 새롭게 정의 내리게 된 것이다. 아울러 천일염을 기반으로 하는 5대 발효식품을 선정하여 이를 글로벌 식품으로 재탄생시키기 위한 한식의 세계화 사업에도 착수했다.

덕분에 침체 일로에 있던 소금산업은 새로운 전기를 맞았고, 국내 천일염의 65퍼센트를 생산하는 신안군에도 활기가 넘쳐나고 있었다. 신안군에서도 그 중심인 신의도의 뜨거운 생산현장을 둘러보며 천일염 산업의 새로운 미래를 그려볼 수 있었다.

우리의 맛과 얼

안동에 있는 조선시대 선비들의 종택을 둘러본 것도 뜻깊은 경험이었다. 퇴계 이황, 학봉 김성일, 농암 이현보, 서애 유성룡 등을 거치며, 300~400년을 이어온 종택은 단순한 전통가옥이 아니었다. 그 자체가 하나의 문화 컨텐츠였다. 음식과 제사 등 생활방식은 물론 선비정신까지도 그대로 계승되고 있었다.

안동에만 그런 종택이 50여 곳이나 있었다. 우리의 사상과 전통의 뿌리가 얼마나 깊고 높은지 미루어 짐작이 갔다. 한편으로 그것을 지키고 이어오기까지 얼마나 많은 사람의 노력이 뒤따랐을까 생각하니 마음이 숙연해졌다. 지금껏 이들 종택이 온전히 보존될 수 있었던 것은 오로지 우리 것에 대한 자긍심과 그것을 지키려는 의지와 몸부림이 한데 어우러진 결과일 테니까 말이다.

퇴계 이황 선생의 종택에 고 박정희 전 대통령의 배려가 깃들어 있다는 사실을 알게 된 것은 순례를 통해 발견한 또 다른 수확이었다. 박 대통령은 초등학교 교사인 퇴계 선생의 16대손을 인근 초등학교의 '평생 교장'으로 전보하여 종택을 지킬 수 있게 했다. 뿐만 아니라 정부 지원으로 서애 유성룡 선생의 유물 보존관을 건립하고 영모각(永慕閣)이라는 친필 현판까지 하사했다고 한다. 육영수 여사 또한 협소한 시설을 확충하는 데 각별한 배려를 아끼지 않았다는 것이다.

여러 종택에서 고 박정희 전 대통령의 역사관과 민족관을 엿보는 동안 전통과 정신을 계승하고 발전시키기 위해 정부 차원의 정책적 뒷받침이 얼마나 필요한지 피부로 느낄 수 있었다. 또한 민족의 얼을 찾는 노력을 온 국민이 동참할 수 있는 운동으로 승화시켜야 한다는 생각을 갖게 되었다.

좋은 방법이 있다. 종택을 단순히 보존 차원의 문화재로 다룰 것이 아니라 국민들이 쉽고 편하게 접할 수 있는 공간으로 만드는 것이다. 조상의 얼과 정신이 고스란히 담긴 종택은 그 자체로 훌륭한 문화상품이자 여행상품으로 손색이 없다. 주5일제의 정착과 더불어 전국 곳곳에 펜션이 생겨나기 시작했는데, 이를 응용하여 종택에 펜션 개념을 도입하면 어떨까. 아파트 문화가 보편화되면서 전통 한옥의 가치와 의미를 잊고 사는 도시인들에게 '종택에서의 하룻밤'은 보통 여행에서는 얻을 수 없는 또 다른 여유와 멋을 선사할 것이다. 종택을 방문하는 사람이 늘면 농가 소득증대에 도움을 줄 것이고 농촌 발전에도 큰 힘으로 작용할 것이다.

종택의 이점은 이것만이 아니다. 각 종택에서 수백 년간 전통을 지키며 만들어온 발효식품은 문화상품 못지않은 부가가치를 창출할 수 있다. 된장, 간장, 고추장, 김치, 젓갈 등을 잘만 산업화한다면 국내는 물론 세계에서 알아주는 식품으로 키울 수 있다.

이처럼, 수백 년을 이어온 우리의 맛과 얼을 지키고 보존하는 데서 한발 더 나아가 현대문명과 조화를 이루도록 변화, 발전시켜 나갈 때 전통의 가치는 더욱 빛을 발하게 될 것이다.

순례길에 받은 뜻밖의 선물

대전에서는 평소 존경하던 대산 김석진 선생을 만났다. 우리 문화와 역사에 조예가 깊은 선생은 우리 민족의 우수성과 국가의 장래에 대해 귀한 말씀을 들려주셨다. 게다가 예기치 않은 큰 선물까지 안겨주셨다. '경산(耕山)'이라는 호를 지어주셨을 뿐 아니라 친히 칠언절구의 호송시(號頌詩)를 써주셨다.

自作耕山山作春(자작경산산작춘)이요
雲天降雨物生新(운천강우물생신)이라.

誰知此裡功成大(수지차리공성대)요

大得芳名又得眞(대득방명우득진)이라.

스스로 산을 일구어 봄을 만들고

구름 낀 하늘에 비 내리니 만물이 소생하는구나.

그 누가 알리오, 이 속에서 큰 공이 이루어진 것을.

꽃다운 이름 크게 얻고, 참 또한 얻으리라.

생각지도 못한 선물을 받고 나서 나는 잠시 그 뜻을 헤아렸다. '경산(耕山)'은 말 그대로 산을 일구라는 뜻이다. 생각해 보니 지금까지의 내 인생은 경산의 연속이었다. 시련도 많고 곡절도 많았다. 삶 자체가 경산이었는데, 마침 경산이라는 호를 얻고 나니 감회가 새로웠다.

"저는 지금까지 참으로 치열한 삶을 살아왔습니다. 촛불정국이라는 풍랑을 겪은 후 장관직에서 물러났으니 이제 좀 편히 살까 하는데, 또다시 산을 일구라고 경산이라는 호를 주십니까?"

내 말이 채 끝나기도 전에 선생은 너털웃음을 지으셨다.

"평생 경산하며 살아야 할 운명이라면 그리 살아야 하지 않겠습니까."

돌이켜보니 '경산'은 농업인으로 평생을 살아왔고 앞으로도 농업 발전을 위해 살아갈 나에게 더없이 잘 어울리는 호라는 생각이 들었다.

"감사합니다, 선생님. 경산이라는 호가 부끄럽지 않도록 산을 잘 일구면서 살아가겠습니다."

음식이 보약이다

우리의 발효 음식이 얼마나 몸에 좋은지는 익히 알려진 사실이다. 그러나 사람들은 조리하기 간편한 패스트푸드를 즐겨 찾는다. 이것이 우리가 처한 현실이다. 패스트푸드가 몸에 좋다면야 아무래도 상관이 없다. 그렇지 않기 때문에 문제를 지적하고 대안을 생각하게 되는 것이다.

패스트푸드가 몸에 좋지 않다는 것은 배설물만 비교해 봐도 금방 알 수 있다. 시골 사람의 배설물은 따로 치우지 않아도 개들이 달려들어 핥아 먹는다. 그냥 내버려두면 쉬파리가 끓고 벌레가 분해하여 부패시킨다. 그렇게 일주일 정도 지나면 자연으로 돌아간다.

그러나 서울 등 대도시에서 오래 생활한 사람의 배설물은 그렇지 않다고 한다. 개들은 쳐다보지 않고 쉬파리도 날아오지 않는다. 한 달이 지나도 썩지 않고 그대로 남아 있다. 배설물의 독성이 그만큼 강하기 때문이다.

그뿐만이 아니다. 나이 든 사람들은 대부분 어린 시절 학교에서 나눠주는 구충제를 같이 먹던 기억을 갖고 있을 것이다. 너나 할 것 없이 약을 먹어야 할 정도로 기생충이 적지 않았다. 그러나 이제는 기생충조차 살 수 없을 정도로 우리 몸에 독성이 축적되어 있다. 물론 항생제와 의약품 발달에 따른 영향도 무시할 수 없지만 어쨌거나 섬뜩한 일이 아닐 수 없다.

더욱 심각한 것은 몸속에 독성이 생기면 면역성이 약한 생식기능이 영향을 받는다는 사실이다. 최근 큰 폭으로 증가한 불임률이 사태의 심각성을 잘 말해 주고 있다.

지금의 50대 여성이 가임연령이었을 때는 불임률이 채 5퍼센트도 되지 않았다고 한다. 그러나 현재 20~30대의 불임률은 20퍼센트를 넘나들고 있다고 한다. 다섯 가구 중 한 가구가 임신하는 데 어려움을 겪고 있다는 말이다. 실제로 아이를 갖지 못하는 젊은 부부를 주변에서 심심찮게 볼 수 있다.

남성도 마찬가지다. 정상적인 남성이라면 1밀리리터당 정자 수가 1억 1천만 마리 이상이 되어야 한다. 정자 수가 4천만 마리 이하로 떨어지면 임신이 어려워진다. 전문가들에 따르면 요즘 젊은 남성들 가운데 4천만 마리 이하의 정자 수를 가진 경우가 적지 않다고 한다. 게다가 활동성마저 현저히 떨어진다는 것이다.

그렇지 않아도 저출산이 미래 국가 경쟁력을 떨어뜨릴 요인으로 사회문제가 되고 있는데 불임까지 급증하니 실로 걱정되지 않을 수 없다.

문제는 식생활이다

이러한 현상은 물론 여러 가지 상황이 복합적으로 작용한 결과일 것이다. 숨 쉬기조차 곤란할 정도로 꽉 조이는 화학섬유 옷을 입고 통풍이 제대로 되지 않는 시멘트로 지은 아파트에서 생활하는 것도 원인 중의 하나일 것이다.

그러나 가장 큰 원인은 뭐니 뭐니 해도 식생활의 변화에 있다. 예로부터 우리나라는 음식이 지녀야 할 근본적인 가치로 생명력, 영양분, 섬유질을 꼽고, 이를 적절히 조화시킨 음식문화를 창조하고 발전시켜 왔다. 천일염을 기초로 간장, 된장, 고추장, 김치, 젓갈 등 생명력이 강하고 영양과 섬유질이 풍부한 우리의 전통 발효음식은 그 자체로 하나의 보약이었다. 우리 조상들은 이를 기반으로 식생활을 영위해 건강한 몸과 맑은 정신을 유지할 수 있었다.

그런데 작금의 상황은 어떠한가. 경제성장과 서구화의 영향으로 젊은 세대들은 씹는 것을 싫어하고 맛있는 것만 찾고 있다. 음식의 중요한 가치 기준인 생명력과 섬유질을 도외시한 채 영양과 맛을 기준으로 음식을 선택하고 있다.

그 결과 최근 20~30년 사이 우리 국민들의 식단은 크게 변화했다.

피자, 햄버거, 빵, 라면, 국수, 자장면, 과자 등의 밀가루 음식이 청소년들의 입맛을 사로잡은 지 오래다. 소비량도 엄청나 연간 400만 톤이나 된다. 2007년의 쌀 생산량 450만 톤에 육박한다.

더 큰 문제는 주식이 뒤바뀌는 것이다. 쌀 소비자가 매년 40~50만 명씩 줄어드는 반면 밀가루에 길들여진 젊은 세대는 그만큼 늘어나고 있다. 이대로 가면 2~3년, 늦어도 5년 내에 밀 소비량이 쌀을 앞지를 것으로 예상된다.

젊은 세대는 예전에 비해 체격은 좋아졌지만 체력은 오히려 떨어지고 정신력도 나약해졌다. 평균수명은 늘어났지만 희귀병이 늘어나고 과체중과 비만이 심각해졌다. 최근의 조사에 의하면 초등학생의 3분의 1 이상이 과체중과 비만에 시달리고 있다고 한다. 걱정스러운 일이 아닐 수 없다.

음식은 생명을 유지하기 위해 먹는 것이다. 우리의 유전자는 수천 년 동안 이어져온 전통음식에 맞추어져 있다. 우리 몸은 곡식과 채소 중심으로 살아와서 서양인보다 대장과 소장 길이가 1~2미터 더 길다고 한다. 육식을 하는 호랑이나 사자는 장의 길이가 4~5미터로 짧고 성질도 사납다. 그러나 풀을 먹고 사는 소나 말은 장의 길이가 11미터나 되고 성질은 온순하다. 그런데 지난 30여 년 서양식으로 채워져오다 보니 몸이 견디기가 어려워졌고 성질 또한 사납게 된 것 같다.

우리 음식을 되살리는 일이 시급하다. 주식을 되찾고 세계적으로도 그 가치를 인정받은 발효식품을 부활시켜야 한다. 천일염, 된장, 간장, 고추장, 김치, 젓갈은 하나같이 지수화풍(地水火風), 즉 자연의 손길이 만드는 장독문화의 산물로 건강한 생활과 미래를 만드는 음식이라는 사실을 새롭게 인식해야 한다.

풍토합일(風土合一), 신토불이(身土不二)는 결코 우리 농산물 판매를 위한 판촉구호가 아니다. 사람을 살리고 국가를 살리는 길이 거기에 있다.

사람농사가
벼농사만 못해서야

봄이 되면 농촌은 농사 준비로 분주하다. 개나리가 만발하는 3월부터 볍씨를 고르고 못자리를 준비하느라 몸도 마음도 쉴 틈이 없다.

빨라도 5월은 되어야 모를 내는데 무슨 호들갑이냐고 할지 모르지만 그게 아니다. 예로부터 "못자리 농사가 반농사"라고 했다. 좋은 볍씨를 고르고 못자리를 잘 만들어 파종하는 것, 그것이 농사의 절반이라는 뜻이다. 발아가 잘 되어야 모가 건강하고, 모가 건강해야 결실이 좋기 때문이다.

벼농사는 볍씨를 고르는 일에서부터 시작된다. 고르는 방법은 지역에 따라 다르다. 우리 고향에서는 경운기를 이용한다. 경운기에 날개를 부착하고 돌려 바람을 일으키고 그 앞에서 볍씨를 날리면 가벼운 것은 멀리 날아가고 무거운 것은 가까이 떨어진다. 가벼운 것은 버리고 속이 알차 무거운 볍씨만 취해 소금물에 담근다. 이때 물 위에 뜨는 쭉정이는 또 골라낸다.

이렇게 튼실한 볍씨만 골라 종자소독을 한 다음 물에 담가 수분을 흡수시킨다. 산소가 공급되도록 매일 물을 갈아주면서 3~4일 담가놓으면 싹이 하얗게 나오는 것을 볼 수 있다.

모판에는 영양분이 적절히 배합된 상토를 담고 평평하게 고른 다음 물을 충분히 뿌려준다. 그 위에 볍씨를 뿌리고 흙을 얇게 덮는다. 그다음 모판을 비닐로 싸 볍씨가 따뜻한 환경에서 발아하게 한다.

모판의 싹이 1센티미터 정도 자라면 좋은 날을 택해 비닐을 벗기고 못자리 논으로 옮겨 본격적으로 모를 기른다. 못자리 논은 미리 평평하게 고르고 물의 온도까지 맞춰 어린 모가 외부 환경에 쉽게 적용할 수 있도록 한다.

삼금이행법(三禁二行法)

예로부터 우리 조상들은 아이를 낳아 기르는 것을 '사람농사'라고 불렀다. 사람도 농사를 짓듯 씨를 고르고, 때맞추어 파종하고, 정성을 다해 키워야 탐스러운 결실을 맺는다는 것이었다.

우리 조상들은 이를 직접 몸으로 실천했다. 구체적인 예로 조선시대의 삼금이행(三禁二行)법이 있다.

조선을 건국한 태조 이성계는 등극하자마자 고려의 몰락 원인을 연구했다. 여러 가지 원인 중의 하나로 문란한 성생활이 지적되었다.

이에 따라 태조는 유교를 국가 이념으로 삼고 결혼과 잉태에 관한 엄격한 규정을 만들어 시행했다. 삼금이행법이라 하여 국가가 '사람 농사'를 관리한 것이다.

결혼에서는 3금법을 적용했다. 동성동본의 결혼을 금하고, 월삼성(越三姓)이라 하여 할머니와 어머니, 아내를 같은 성씨에서 들이지 못하게 하고, 백 리 내 결혼을 금했다. 생활권이 같으면 유전인자가 비슷하다는 등의 이유로 백 리 이내에 사는 사람과의 결혼을 막았다. 결국 근종 간 결합을 통한 열성유전자의 출현을 사전에 방지하자는 것이었다.

오랫동안 생명을 연구해 온 '온생명평생연구원' 김인술 원장은 자식 낳을 때 '태기'부터 온갖 심혈을 기울였던 조상들의 노력이 세계에서 가장 우수한 한민족을 만들었다고 평가했다.

잉태에서는 2행법을 시행했다. 택일과 합궁 문화가 그것이다. 천문을 살펴서 음기와 양기가 조화를 이루는 날을 합궁일로 택했다. 수양기간을 감안하여 최소 20여 일 후로 날을 잡았다.

날이 정해지면 부부간의 동침을 금하고 절제하는 기간을 가졌다. 최상의 정자를 생산하기 위해서였다. 그 효과는 현대의학으로도 증명이 되고 있다.

욕망만 절제한 것이 아니었다. 살생을 금하고 타인과 다투지도 못하게 했다. 초상집 등 상서롭지 못한 곳의 출입 또한 삼가게 했다. 음식도 정갈하고 담백한 것만 먹고, 기운이 탁한 육류 등은 먹지 못하게 했다.

그런 다음 밤과 낮이 교차하는 새벽, 먼동이 틀 때를 기다려 합궁하게 했다. 대개는 보름날 전후의 달 밝은 인시(3~5시)로 정해 정숙한 마음으로 사람농사를 시작하도록 했다.

제도적으로도 이러한 문화를 뒷받침했다. 3대에 걸쳐 당상관(지금의 중앙부처 국장급) 이상이 나오지 않으면 국반(국가 양반)의 가문에서 제외시켰다. 가문마다 자질이 뛰어난 인재를 배출하기 위해 최선을 다하도록 유도한 것이었다.

세계에서 가장 우수한 민족으로 흔히 유태인을 꼽는다. 2천 년 동안 나라를 잃고도 꿋꿋하게 살아온 저력, 미국의 금융을 이끌어가고 전체 노벨상 수상자의 34퍼센트를 차지하고 있는 우수한 두뇌….

유태인들이 그렇게 탁월한 능력을 발휘하는 원동력으로 다음의 4가지가 꼽힌다. ① 3살 때부터 아버지에게 바이블을 교육받아 형성된 역사관과 민족적 자긍심, ② 사람씨앗을 소중히 하는 순결의식, ③ 주입식이 아닌 물음의 교육, ④ 식탁에서 가족들과 토론하는 가정교육 등이 그것이다.

그러한 사람농사가 자질이 뛰어난 유태인을 만들어 2천 년 만에 나라를 다시 세우고 세계를 움직이는 민족이 된 것이다.

사람씨앗 잘 뿌려야

우리 민족의 우수성 또한 세계적으로 알려져 있다. 이것은 조선시대부터 내려온 사람농사의 전통과 문화가 바탕이 되었음은 두말할 필요가 없다.

그런데 지금은 어떠한가. 조상들은 온갖 정성으로 사람농사를 지어 유태인들도 두려워하는 우리를 만들어냈는데, 지금의 우리는 어떻게 하고 있는가.

월삼성이니 백 리 내 결혼 금지니 하는 소리는 이미 옛날 이야기가 되어버렸다. 동성동본 간의 결혼도 8촌 이내를 제외하고는 법적으로 허용되고 있다. 뿐만 아니라 사람씨앗의 소중함을 일깨우는 순결의식은 온데간데없다.

잉태문화도 사라지고 있다. 결혼식을 올리고 신혼여행 가서 술에 취한 상태에서 합궁하는 경우가 다반사다. 그뿐만이 아니다. 아이가 언제 생겼는지 모르는 사람이 태반이다. 좀 더 직설적으로 표현하자면 단순히 쾌락의 산물로 아이가 만들어진다. 한낱 식물인 벼농사도 갖은 정성을 들이고 때에 맞추기 위해 심혈을 기울이는데, 그에 비하면 요즘의 사람농사는 벼농사보다도 못하다는 생각이 들 정도다.

그러면서도 사람들은 아이 키우는 데는 목을 맨다. 만드는 과정은 소홀히 하면서 결과가 좋기를 바라는 셈이고, 씨는 아무렇게나 뿌려놓고 거름만 듬뿍 주는 격이다. 제대로 된 씨앗이 파종되지 않았다면 거름을 아무리 많이 준다고 한들 좋은 결실을 맺기란 결코 쉽지 않다.

참으로 우려스럽다. 과다한 인스턴트식품 섭취에다 높은 불임률, 게다가 부실한 사람농사로 후세들의 자질이 현저히 떨어진다면 50년, 100년 후 이 나라가 어떻게 될지 장담할 수 없다.

사람농사가 벼농사만 못해서야 되겠는가. 전통 식품의 재발견과 함께 조상들의 지혜가 깃든 사람농사의 재인식이야말로 우리가 아름답고 건강한 생명의 전통을 계승하고 행동으로 옮기는 출발점이 될 것이다. 그것이 유태인조차 두려워하는 한민족, 위대한 대한민국을 만드는 초석이다.

우리 식품이
세계인을 살린다

'질병의 근원은 음식'이라는 말이 있다. 음식만 가려 먹어도 질병의 대부분을 예방할 수 있다. 몸에 맞는 음식, 신체의 균형을 잡아주는 음식은 효과가 뛰어난 약이나 마찬가지다. 치료음식, 약선(藥膳, 약재를 넣어 조리한 음식)이라는 말이 그래서 있는 것이다.

우리 국민에게 좋은 음식은 당연히 우리의 전통음식이다. 신토불이라는 것은 애국심을 고취하기 위한 미사여구가 아니라 의학이자 과학이다.

우리는 조상 대대로 채식민족이었다. 유사 이래 야채와 곡류를 중심으로 식생활을 영위해 왔다. 육류를 위주로 한 서양 유목민족과는 체질적으로 달랐다. 이러한 차이는 신체구조에서도 여실히 드러난다.

우리 민족을 비롯한 동양인들은 몸속 대장의 길이가 평균 9.5미터 다. 8미터인 서양인들보다 1.5미터나 길다. 수천 년 동안 채식을 하 며 살아왔기 때문이다. 야채나 곡류는 몸속에서 천천히 오랫동안 소 화되므로 거기에 맞게 대장이 늘어난 것이다.

육류는 그 반대다. 짧은 시간에 빨리 소화되고 빨리 썩는다. 남은 찌꺼기도 빨리 빠져나가야 한다. 그렇지 못하면 축적되고 부패된다. 육류를 주식으로 했기 때문에 서양인들은 대장이 그만큼 줄어든 것 이다.

음식이 건강은 물론 신체구조에까지 영향을 미치고 있다는 방증이 다. 채식에 적합한 대장을 가진 우리 민족에게 채식 중심의 우리 음 식이 최적임은 두말할 필요가 없다.

우리 음식은 그 자체로 탁월한 효능을 발휘한다. 한식은 대부분 발 효과정을 거쳐 만들어진다. 장기간의 숙성을 통해 우리 몸에 필요한 각종 유산균을 생성한다. 음식을 살아 있는 미생물체로 만드는 것이 다. 그러니 한식을 먹으면 영양과 칼로리뿐 아니라 각종 유산균까지 공급받게 된다. 많이 먹어도 살이 찌지 않고 활동성이 좋은 이유가 여기에 있다.

이에 비해 양식은 육류 중심의 인스턴트 식품이다. 짧은 시간에 높 은 칼로리만 공급한다. 그 결과 몸이 비대해지고 고혈압, 당뇨 같은 성인병에 쉽게 노출된다.

미국의 경우 국민의 60~70퍼센트가 비만이다. 성인병을 앓고 있 는 국민이 전체의 30퍼센트를 넘는다. 국가 재정이 의료비용을 감당하지 못할 정도로 심각하다. 유럽 각국도 정도의 차이가 있을 뿐 비만과 성인병이 중요한 사회문제가 된 지 오래다.

이러한 문제를 해결하기 위해 세계 각국이 우리의 발효식품을 주목하고 있다. 웰빙 식품이자 다이어트 식품인 한식에서 비만과 성인병을 극복할 돌파구를 찾고 있다. 이미 세계보건기구(WHO)는 한식을 영양을 골고루 갖춘 모범식으로 소개했다. 세계적인 건강잡지 『헬스(Health)』도 김치를 세계 5대 건강음식으로 선정했다. 된장, 고추장에 대한 관심 또한 점점 높아지고 있다.

그런데도 등잔 밑이 어둡다고, 정작 우리 국민들은 이러한 사실조차 제대로 알지 못한다. 오히려 한식을 외면하고 양식과 패스트푸드를 선호한다. 그 결과 국내에서도 어린이 비만과 성인병이 나날이 증가하고 있다. 불과 20~30년 전만 해도 찾아보기 힘들었던 배불뚝이를 요즘에는 주변에서 어렵지 않게 찾아볼 수 있다.

우리 음식의 우수성

장관으로 취임하면서 나는 이 문제에 대해 많은 생각을 했다. 어떻게 하면 우리 음식의 우수성을 국내외에 널리 알릴 수 있을지, 어떻게 해야 우리 국민들의 잘못된 식습관을 바로잡을 수 있을지 고민을 거듭했다. 그것이 결국 한식 세계화 사업으로 이어졌다.

나는 먼저 한 대학병원에 임상실험을 의뢰했다. 한식과 양식이 사람의 생식기능과 성인병에 미치는 영향을 알아보는 실험이었다. 임상실험을 통해 수치로 보여주는 것이 한식의 우수성을 입증하는 가장 효과적인 방안이란 판단에서였다.

병원에서는 곧바로 실험에 착수했다. 일정 수의 실험 대상자를 두 그룹으로 나누어 한 그룹에는 된장, 고추장, 김치 중심의 한식을, 다른 그룹에는 햄버거, 피자, 돈가스, 아이스크림 등의 양식을 먹이면서 정자의 수와 활동력 그리고 성인병 지수 변화를 측정하는 실험이었다.

임상실험 결과, 한식을 먹인 그룹에서는 정자의 수가 눈에 띄게 증가한 반면, 양식을 먹인 그룹은 별 차이가 없었다고 한다.

성인병 예방에 미치는 영향도 마찬가지였다. 한식을 섭취한 그룹은 인슐린 분비량이 점점 줄어든 반면, 양식을 섭취한 그룹은 오히려 증가하는 양상을 보였다. 혈중 중성지방 또한 한식보다 양식을 섭취한 경우 2배 이상 높게 나타났다. 우리 발효식품이 생식기능과 성인병 예방에 뛰어난 효과를 발휘한다는 사실이 임상실험 결과로 입증된 것이다.

임상실험과 별도로 나는 한식 세계화를 위한 청사진도 제시했다. 천일염을 기반으로 된장, 간장, 고추장, 김치, 젓갈을 한국을 대표하는 5대 식품으로 선정하고, 적극적인 정책 지원을 통해 세계인이 함께 먹는 글로벌 음식으로 발전시키겠다는 계획이었다.

이를 위해 2008년 9월 말까지 세부 시행계획을 확정하고 10월 초에 열리는 '코리아 푸드 엑스포'를 통해 한식 세계화의 출범을 공식 선포한다는 구체적 일정까지 마련했다. 전 국민이 지켜보고 수많은 국내외 식품 관계자들이 참관하는 만큼 한식의 우수성을 알리기에 더없이 좋은 기회이기 때문이었다.

10월에는 코리아 푸드 엑스포가 예정대로 개최되었고 한식 세계화 선포식도 열렸다.

국내외 전문가를 초청한 국제 한식 심포지엄도 개최되었고, 한식 메뉴의 표준화 작업도 진행되었다. 한식의 우수성을 소개하는 방송이 연이어 제작·방영되었다. 국민들의 인식과 관심도 크게 달라졌다. 이제 한식 세계화 사업은 한식세계화재단의 설립을 앞두고 있으며, 빠른 속도로 발전하고 있다.

앞으로 이러한 노력들이 한층 체계화되고 사업이 효율적으로 전개된다면 한식의 세계화가 미래의 청사진이 아닌 눈앞의 현실이 되는 날도 그리 멀지 않을 것이다.

냉정과 열정 사이

사람들이 하나둘 도시로 떠나자 마을은 점점 황폐해졌다. 그렇지 않아도 외딴 섬마을이었다. 살러 들어오는 사람들이 있을 리 없었다. 마을에는 폐가가 늘고 음산한 기운마저 감돌았다. 그것을 견디지 못해 사람들은 또다시 마을을 등지고 떠나갔다.

그런 나오시마에 기적이 일어났다. 일본을 대표하는 건축가 엔도 다다오가 섬 한가운데에 현대미술관을 건립한 것이다. 자연과 인간의 완벽한 조화를 추구한 엔도 다다오가 나오시마의 때 묻지 않은 자연을 택해 인간이 창조한 예술을 접목한 결과였다.

산 중턱에서 바다를 내려다보며 우뚝 서 있는 현대미술관(베네세하우스)과 땅속에 잠긴 것처럼 건축된 지중해미술관은 나오시마의 자연과 완벽한 조화를 이루며 건물 자체가 하나의 예술작품으로 승화되었다. 미술관에는 이름만 들어도 알 수 있는 세계 유명 작가의 작품들이 전시되어 있다.

미술관도 미술관이지만 마을의 폐가를 개조해 작품으로 탈바꿈시킨 아트하우스 하나하나는 그 자체가 위대한 조형물이다. 어느 집은 집을 헐어낸 후 마당에 잔디를 깔고 그 가운데에 연못을 파서 연꽃 모양의 작품을 전시하고 있고, 다른 집은 2층을 가로막은 벽을 터서 방안에 자유의 여신상을 옮겨 놓았다.

방바닥을 파서 물을 담아놓고 물속에다 다양한 숫자, 여러 색의 불빛이 시간에 따라 달라지는 조형작품을 전시한 집도 있다. 수백 년이 된 목조주택에 최첨단의 디지털기술을 결합하여 작품으로 만든 것이다.

이와 같은 과정을 거쳐 나오시마 섬 전체가 하나의 예술작품으로 다시 태어났다. 그 결과 인구 2,700명의 조그만 섬 나오시마는 일본은 물론 세계에 널리 알려졌고 매일 3천 명이 넘는 방문객이 찾아오는 유명 관광지로 탈바꿈했다. 폐가를 미술작품으로 개조해 벌어들이는 농외소득만도 300만 엔이 넘는다. 기업가와 건축가가 결합해 만든 차별화된 작품이 세계인을 조그만 섬마을로 끌어들이고 있다.

일본의 힘, 나오시마의 힘

내가 나오시마를 찾은 것은 재임 중 시작한 농어촌뉴타운 개발에 대한 아이디어를 얻기 위해서였다. 뉴타운 조성을 통해 농어촌에 유입되는 젊은이들이 안정적으로 농촌에 정착할 수 있도록 지역별로 특색 있는 개발이 뒤따라야 한다는 생각에서였다. 사람들이 떠나 폐허가 된 섬마을을 국제적인 관광지로 탈바꿈시킨 나오시마의 사례는 우리에게 본보기로 적격이었다.

1박 2일 일정으로 나오시마를 둘러보면서 나는 아이디어를 얻겠다는 바람을 떠나 아주 깊은 감동을 받았다.

'일본의 농촌에서는 이런 일을 벌이고 있었구나, 일본의 힘이 이런 데서 나오는 것이구나.'

사람들이 떠난 음산한 농촌의 폐가를 예술작품으로 승화시킨 역발상, 미국을 상징하는 자유의 여신상을 섬마을 방 안에 가두어놓은 대담함, 수백 년을 이어온 목조건물 안에 최첨단의 기술을 끌어들인 상상력, 그리고 지수화풍의 자연을 화폭으로 삼아 섬 전체를 하나의 명품으로 재탄생시킨 위대한 창조성까지, 모든 것이 내게는 경이로움 그 자체였다. 군국주의, 경제동물 등 부정적 이미지로만 가득했던 일본이라는 나라를 다시 보는 계기가 되었다.

마을마다 조그만 신사를 모시고 사는 주민들의 생활 또한 내게는 꽤나 인상적이었다. 오래 전부터 내려온 전통과 사상을 중시하는 일본의 민족성을 엿볼 수 있었다. 마을의 문화, 정서, 전통을 잊지 않고 그 토대 위에 마을을 발전시켜 가는 모습이 참으로 아름답게 느껴졌다.

일본에서는 대부분의 농어촌에서 스스로 문제를 해결하고 큰 틀의 정책만 중앙정부가 처리하고 있어 역할분담이 유기적으로 이루어지고 있었다.

저녁시간, 마을회관에서 나오시마의 나이든 주민들과 대화를 나누다가 불쑥 이런 질문을 던졌다.

"혹시 이 마을에서 미래를 위해 계획하고 있는 일이 있습니까?"

"앞으로 10년 내에 우리 마을에서 세계 비엔날레를 개최하려고 합니다. 그것을 위해 마을 주민들이 힘을 합해 차근차근 준비하고 있습니다."

설마 하는 생각으로 물었는데 돌아온 대답은 나의 예상을 비웃기라도 하듯 놀랍고 대담했다. 70~80대 노인들에게서 그런 답변이 나오다니, 정말이지 상상 초월이었다. 어떤 일이 생겨도 들뜨지 않고 차분하게 대응하고 준비하는 일본인 고유의 힘이 내 몸에 전율을 일으켰다. 어려운 농촌 현실을 부정하지 않고 차분하게 미래를 만들어가는 그들의 모습은 우리 농촌과 농민들이 반드시 본받아야 할 점이었다.

한국인의 역동성

돌아오는 비행기 안에서 나는 일본과 비교되는 우리의 민족성에 대해 생각해 보았다. 나오시마에서 경험한 것처럼 일본이 차분하고 계획적이라면, 우리 민족은 뜨겁고 역동적인 편이다. 일본이 시속 200킬로미터를 달릴 수 있는 자동차를 가지고 100킬로미터로 운행

한다면, 시속 100킬로미터가 정상 속도인 자동차를 가지고 120~130 킬로미터로 달리는 것이 한국 아닐까. 이 같은 역동성은 직선도로를 달릴 때에는 엄청난 위력을 발휘하지만 커브를 돌 때에는 불안하고 위태롭기 짝이 없다.

지난 2002년 6월, 우리는 한일월드컵을 통해 역동성의 실체를 온몸으로 느꼈다. 붉은악마, 12번째 선수가 되어 거리로 뛰어나온 700만 국민이 뿜어내는 역동성에 전 세계가 화들짝 놀랐다. 그 뜨거운 열기는 월드컵 4강이라는 신화를 창조했다. 1997년 IMF 외환위기 때의 금 모으기 운동이나 1970년대의 새마을운동 또한 우리 국민들의 역동성이 만들어낸 놀라운 성과가 아닐 수 없다.

그에 반해 2008년의 촛불정국은 적지 않은 아쉬움을 남겼다. 실체도 없는 광우병 공포에 수십만 국민이 거리로 나서 얼마나 많은 시간과 국력을 허비했는가.

역동성이 방향을 잘못 잡았을 때 그 상처와 피해가 얼마나 큰지, 우리는 촛불정국에서 뼈아픈 교훈을 얻었다.

그래서 정부를 비롯하여 여론을 이끌어가는 언론의 역할이 더욱 중차대한 의미로 다가온다. 정부와 언론 등 사회지도층이 올바른 방향을 제시하여 한민족의 역동성이 역사에 순기능으로 작용할 수 있도록 신중에 신중을 기해야 한다. 그렇게만 된다면 우리 국민은 사상 유례 없는 역동성을 발휘하여 놀라운 역사를 창조할 것이다. 반대로 그것이 또다시 부정적인 방향으로 흘러간다면 수습하기 힘든 혼란과 손실을 초래할 것이다.

우리 국민들의 역동성에 일본인들이 갖고 있는 정신적 안정감과
차분함을 조화롭게 결합시킬 수 있는 방안은 과연 무엇일까? 비행기
안에서 나는 많은 생각을 했다.

한철골 박비향

"이제 그만하시는 게 어떻겠습니까? 그런 험한 일까지 겪으셨으면 서…."

지난봄에 가깝게 지내는 지인이 전화를 걸어서는 조심스럽게 입을 열었다. 장관 퇴임 이후 내가 꾸준히 해온 지방순회 특강을 그만두는 게 낫지 않겠느냐는 말이었다.

바로 전날, 광양에서 특강을 하기로 했다가 일부 단체의 반대에 부 딪혀 취소된 일이 있었다. "쇠고기정국의 책임자인 정운천 전 장관의 특강을 용납할 수 없다"며 강력히 반대하는 바람에 예정된 특강이 무 산되고 말았다.

그 사실이 언론을 통해 보도되고 결국 지인의 귀에까지 들어간 모양이었다. 그 말을 꺼내기가 쉽지는 않았을 텐데, 나를 생각해서 일부러 전화까지 걸어준 그가 무척이나 고마웠다.

하지만 나는 그의 부탁을 들어줄 수 없었다. 지방순회 특강을 중단할 수는 없는 노릇이었다. 이 또한 내 인생의 길에 놓인 업이라고 굳게 믿기 때문이다.

백의종군의 길

목숨만 부지한 채 의금부에서 풀려난 이순신 장군이 백의종군을 명받은 적이 있었다. 삼도수군통제사에서 졸지에 일개 병졸의 신분으로 떨어진 것이었다. 전군을 지휘하다가 갑자기 아무것도 할 수 없는 상태가 되었을 때 장군의 심정이 어떠했을까? 역적으로 몰려 의금부에서 모진 고문을 받았을 때는 또 어떠했을까? 부끄럽고 창피해서 쥐구멍이라도 찾고 싶지는 않았을까? 아니면 자신을 모함한 자들을 원망하며 복수의 칼날이라도 갈았을까?

그 어느 것도 아니었다. 장군은 한마디 원망이나 불평도 없이 묵묵히 임지로 떠났다. 장군에게는 자나깨나 나라를 구하겠다는 일념뿐이었다. 삼도수군통제사로서 최고의 권력을 갖고 있을 때나, 하루아침에 역적으로 몰려 의금부에서 모진 고문을 당했을 때나, 백의종군할 때나, 나라를 구하겠다는 일편단심이 장군의 전부였다.

나는 오래 전 이순신 장군을 인생의 멘토로 삼았다. 장군을 본받아

구농(求農)의 일념을 가슴에 품고 살아왔다. 장관으로 재임할 때도, 현직에서 물러난 뒤에도 똑같은 마음으로 살아가려고 노력하고 있다.

不是一番寒徹骨(불시일번한철골)

爭得梅花撲鼻香 (쟁득매화박비향)

뼈를 깎는 추위를 한 번 만나지 않았던들

매화가 어찌 코를 찌르는 향기를 얻을 수 있으리오.

그랬다. 지금까지 짧지 않은 인생을 살아오면서 겪은 수많은 '뼈를 깎는 추위(寒徹骨)', 그것은 '코를 찌르는 향기(撲鼻香)'를 가슴에 응축시키는 과정이었다. 촛불정국 또한 마찬가지였다.

나는 100일간의 전통 순례를 통해 새롭게 축적한 경험과 노하우를 '농업의 밀물시대'를 여는 밑거름으로 전파하기 위해 다시 전국의 시·군을 순회하며 특강을 해왔다. 지금까지 60여 곳의 시·군에서 강의하였고 앞으로도 특강은 계속할 것이다.

물론 장관의 자리에서 정책을 설명하고 집행하던 것과 비교하면 퍽 초라해 보일지도 모른다. 하지만 나는 믿는다. 이 또한 농업을 살리는 길이요, 27년여 동안 쌓아온 나의 경험과 노하우를 전파하는 일이라는 것을.

나는 오늘도 즐거운 마음으로 운전대를 잡는다.

실직자는 있어도 실업자는 없다

2008년 8월 장관직에서 물러나면서 나는 실직자가 되었다. 그러나 실업자가 된 것은 아니었다. 장관의 자리에서는 물러났지만 농업을 살리는 내 본연의 일은 계속하고 있기 때문이다.

화가가 미술대학장을 맡았다가 그만두게 되었다고 그림 그리는 일을 그만둘 수 있겠는가. 성악가가 정년퇴직했다고 노래 부르는 일을 그만둘 수 있겠는가. 실직자는 있어도 실업자는 없는 것이다.

그러나 사람들은 대부분 '실직'과 '실업'을 동일시한다. '직'을 곧 '업'으로 생각한다. 직장을 잃어 실직하면 이내 할 일이 없어졌다며 절망한다. 그러고는 무기력한 백수로 전락한다. 그러니 수단과 방법을 가리지 않고 현재의 직장을 지키려고 갖은 애를 쓰게 되고, 그러다가 결국 실직을 당하면 모든 것을 잃은 것처럼 충격에 빠지고 만다.

일자리가 수십만 개 줄어들고 실직자가 100만 명을 넘어서 경제가 어렵다고 한다. 그러나 그것은 모두 생각에 지나지 않는다. 뒤돌아보면 우리에게 언제 어렵지 않은 때가 있었는가. 일제 강점기의 암울함을 거쳐 6·25전쟁을 겪는 어려움 속에서도 끝끝내 용기와 희망을 잃지 않고 분투 노력하여 세계 12번째 경제강국으로 올라선 것처럼, 실직을 실업으로 받아들이지 않고 노력하면 하늘은 반드시 노력한 사람의 편이 되어준다. 사람이 하고자 하는 일에 하늘은 해바라기처럼 맞이해 주게 되어 있다.

아마도 인생길에서 정신적으로든 경제적으로든 물질적으로든 뼈를 깎는 아픔(寒澈骨)을 경험해 보지 않은 사람은 거의 없을 것이다. 그러나 이에 대한 응답은 사람마다 다르다. 분노와 슬픔, 좌절로 끝내버리는 사람이 있는 반면, 벼랑 끝에서 딛고 일어서 다시 태어나는 사람도 있다. 이것은 누가 가르쳐주는 것이 아니라 자신이 선택하는 것이다. 다시 태어나는 사람은 그 자체로 다른 사람들에게 희망의 향기가 된다. 박비향(撲鼻香)의 세계를 열어 보여준다.

장관 시절에 나처럼 추위를 겪은 이가 또 있을까? 나만큼 온갖 욕을 먹고 혼이 난 사람도 없을 것이다. 하지만 그런 나도 모든 걸 다 내려놓고 이렇게 나의 '업'을 찾아 '할 일'을 하며 뚜벅뚜벅 걸어가고 있지 않은가. 긍정과 신뢰를 바탕으로 희망과 창조의 밀물시대를 열기 위해 애쓰고 있지 않은가.

이것만은 잊지 말기를 바라는 심정으로 강조하고 싶은 말이 있다.

"실직자는 있어도 실업자는 없습니다. 자신에게 주어진 '업'에 열중하다 보면 길이 열리고 '직'이 열릴 것입니다."

정운천이 걸어온 길

1954. 4   전북 고창 출생

1973. 3   남성고등학교 졸업

1981. 2   고려대학교 농업경제학과 졸업

1981~1989   삼부종합농장 및 교육장 운영

1988   농어민후계자 선정

1989. 5   한국참다래협회 초대회장 취임

1991~2007   한국참다래유통사업단 대표이사

1992. 12   철탑산업훈장 수상

1993. 9   대산농촌문화상 수상

1999   신지식농업인 선정

2000   사단법인 한국신지식농업인회 초대회장 취임

2002   초등학교 사회교과서(5-1) 수록

2003   원광대학교 행정대학원 졸업

2004. 2   저서『거북선농업』 발간

2006   사단법인 한국농업CEO연합회, 한국참다래연합회 초대회
               장 취임

2007   (現)전남대학교 농업생명과학대학 겸임교수

2008. 2~8   제57대 농림수산식품부 장관 역임

2008. 11   (現)제주특별자치도 농수축산도정고문 위촉

2009. 1   (現)국무총리 직속 새만금위원회 위원 위촉

2009. 2   (現)사단법인 이순신리더십연구회 이사장 취임